Herbert Küfner

Wege zu Gott und den Menschen

Herbert Küfner

Wege zu Gott und den Menschen

Seelsorgerliche Predigten

Fromm Verlag

Impressum / Imprint
Bibliografische Information der Deutschen Nationalbibliothek: Die Deutsche Nationalbibliothek verzeichnet diese Publikation in der Deutschen Nationalbibliografie; detaillierte bibliografische Daten sind im Internet über http://dnb.d-nb.de abrufbar.

Bibliographic information published by the Deutsche Nationalbibliothek: The Deutsche Nationalbibliothek lists this publication in the Deutsche Nationalbibliografie; detailed bibliographic data are available in the Internet at http://dnb.d-nb.de.

Coverbild / Cover image: www.ingimage.com

Verlag / Publisher:
Fromm Verlag
ist ein Imprint der / is a trademark of
AV Akademikerverlag GmbH & Co. KG
Heinrich-Böcking-Str. 6-8, 66121 Saarbrücken, Deutschland / Germany
Email: info@frommverlag.de

Herstellung: siehe letzte Seite /
Printed at: see last page
ISBN: 978-3-8416-0325-8

Inhalt

Der Mensch im Paradies 7
1. Mose 2, 4b – 15

Sieht Gott wirklich hin? 13
1. Mose 22, 1 – 14

Wüstenerfahrung 19
4. Mose 21, 4 – 9

Lass! 27
Jesaja 30, 15 – 17; Römer 8, 31b-39; Lukas 12, 35 – 40;
Mose 13, 20 – 22; Hebräer 13, 8 – 9b

Christsein ist nichts für Feiglinge 35
Jesaja 50, 4 – 9

Jesus, die Bibel und die Macht 41
Matthäus 4, 1 – 11

Heute leben! 49
Matthäus 25, 1 – 13

Menschen und ihr Glück 53
Markus 2, 18 – 22

Sich dem Kommenden öffnen 59
Lukas 1, 26 – 38

Orte des Glaubens 65
Lukas 14, 15 – 24

Versetzen Sie sich in einen Blinden! 71
Lukas 18, 31 – 43

Gott und die Zeit 77
Lukas 19, 1 – 10

Nur im Licht kann man sehen 83
Johannes 9, 1 – 7

Abschiednehmen und festhalten ***91***
Johannes 14, 27 – 31

Umgang mit der Schwachheit ***97***
2. Korinther 12, 1 – 10

Aufforderung zur Freude ***101***
Philipper 4, 4 – 7

Singend ein Anderer werden ***107***
Kolosser 3, 12 – 17

Demut – Begegnung mit Gott ***113***
1. Petrus, 5, 5c – 11

Der Mensch im Paradies

1. Mose 2, 4b – 15

*„Schau an der schönen Gärten Zier
und siehe, wie sie mir und dir
sich ausgeschmücket haben…"*

Gärten sind etwas ganz Besonderes. Stellen Sie sich, liebes Gemeindemitglied, einmal vor, jemand würde zu Ihnen sagen: „Ich schenke dir einen wunderschönen Garten." Gäbe es ein schöneres Geschenk?
Ich schenke dir einen Garten: Das ist ein bisschen so, wenn Eltern einen Baum pflanzen, wenn ihr Kind geboren wird, einen Baum als Zeichen für das Leben. Oder wenn Eltern später ihrem Kind ein kleines Beet im Garten anvertrauen: „Das ist jetzt dein eigenes Gärtchen, da darfst Du selber Radieschen und Sonnenblumen pflanzen, hegen und pflegen." Das Kind spürt das Leben mit seinen eigenen kleinen Händen in diesem Stückchen Erde.
Ich schenke dir einen Garten. Mit Bäumen und Blumen, mit Kräutern und Gräsern, Gemüse und Obst. Und Unkraut, denn das gehört ja auch dazu. Unkraut ist oft gutes Kraut, nur manchmal am falschen Platz. Ein Garten macht Arbeit, aber es ist Sinn schenkende Arbeit.
Ich schenke dir einen Garten. In diesem Geschenk schwingt das Leben mit und die Zukunft des Lebens, Säen und Ernten, Schönheit und Glück. Nicht ohne Grund vergleichen Liebesgedichte der Bibel, das Hohelied Salomos, die geliebte Freundin mit einem üppig blühenden Garten. Auch ein geliebter Mensch ist so etwas wie ein Garten – zum „Begießen", Genießen, zum Bebauen und zum Bewahren.

Gott hat den Menschen einen Garten geschenkt. So erzählt eine uralte Geschichte. „Ich schenke dir einen wunderschönen Garten, Mensch", sagt Gott, und mit dieser Geschichte stehen wir an den Urgründen unseres Lebens.

Textlesung: 1. Mose 2, 4b-15

1. Der geschenkte Garten, das Paradies, als Bild für glückliches, sorgloses Leben.

Ja, Gott hat den Menschen einen Garten geschenkt, einen wunderschönen. Und in dieser uralten Geschichte von Adam und Eva finden Sie alles erzählt,

was für Menschen wesentlich ist. Unser ganzes Glück und unser ganzes Leid.
Ich beginne mit dem Glück. Ein kleines Kind kommt auf die Welt und bekommt einen Baum gepflanzt. Bekommt ein kleines Beet anvertraut. Das Kind ist glücklich. Warum? Das Kind erlebt das Leben, das Wunder vom Keimen und Wachsen, Gedeihen und Reifen. Es lernt selber Fürsorge kennen und erlebt so die Fürsorge seiner Eltern erst recht.
Zugegeben, das ist heute nicht immer einfach zu begreifen. Weil wir unser Essen im Supermarkt kaufen. Aber vergessen Sie einmal das alles: Edeka und Comet, Lidl, Aldi und Norma ... unsere Bäckerei ums Eck und den türkischen Gemüseladen in der Stadt. Streichen Sie einen Moment alle diese Läden aus dem Sinn, um unsere uralte Geschichte möglichst zu begreifen.
Und stellen Sie sich stattdessen vor: Sie sind Eltern eines kleinen Kindes, in einer Welt vor langer, langer Zeit, wo Sie für alles selber sorgen mussten, irgendwo da draußen, in Ihrer Hütte. Sie haben nur das, was sie selber suchen und finden, säen und ernten, hegen und pflegen. Die nächsten Hütten sind sieben Tagesreisen entfernt. Hier leben Sie jetzt und Ihrem Kind werden Sie den Garten weitergeben, der Sie vollkommen und gesund ernährt und den Sie selber auch nur geerbt haben. Mit diesem Garten ist ja alles geschenkt, was Sie zum Leben brauchen. Alles.

Gott hat den Menschen einen Garten geschenkt, mitten in der Wüste, weit im Osten. Das arabische Wort „Paradies" heißt auf Deutsch: „Garten". Also, mit einem Garten beginnt die Bibel. Und wir erleben von Anfang an einen Gott, der liebevoll ist und sehr fürsorglich. Gott liebt sein Geschöpf aus Erde. Gott liebt dieses sein Wesen aus Leib und Seele, aus irdischer Materie und göttlichem Atem. Ein Gott voller Fürsorge und Liebe. Das ist unser Gott von Anfang an. Und es ist von Anfang an unser Glück, so einen Gott zu haben.
Und gerne werden wir diesen unseren Garten bebauen und bewahren und die Früchte genießen. Achten Sie diese uralte Geschichte bitte nicht gering! Sie erzählt die ursprüngliche und tiefe Wahrheit von Gott und Mensch. Sie erzählt sie tiefer als alles andere. Sie erzählt sie tiefer als andere Geschichten, wenn auch symbolisch. Die Bibel gerät zu Recht geradezu ins Schwärmen: So schaut der Garten Eden aus: Es steht der Baum des Lebens in der Mitte, da fließen die Lebensströme in alle vier Richtungen der Welt, Wasser in Fülle. Und Wasser ist in der Wüste kostbarer als Gold. Vielleicht deshalb die seltsame Golderwähnung im uns unbekannten Land Hawila. Alles ist wohlgeordnet, harmonisch, von vollendeter Schönheit. Du musst Dir keine Sorgen machen, um nichts!

In Berlin-Marzahn gibt es mitten in der scheußlichsten und größten Plattenbausiedlung der DDR die „Gärten der Welt". Und da auch einen orientalischen Garten. Fast alles der biblischen Paradiesbeschreibung trifft auf diesen Garten zu. Ich hätte, obwohl es November war, eine Ewigkeit dort auf einer Bank sitzen bleiben können!
Das ist so, wo Gott einen Garten pflanzt und verschenkt. Ich komme aus dem Urlaub, aus den Südtiroler Bergen – eine ehr schöne Landschaft. Aber wo ist es eigentlich nicht schön! Die Natur ist fast überall schön! Aus dem Urlaub zurück war Gartenarbeit angesagt, den Urwald lichten, das Unkraut eindämmen. Ich sage bewusst nicht, vernichten, aber bebauen und bewahren. Immer noch hat unsere Welt im großen und kleinen, in Urlaub und Arbeit etwas von diesem Geschenk Garten. Und ein Kind bei seinem Wachsen zu begleiten und einen Garten zu bearbeiten, gehört wohl zu den sinnvollsten Aufgaben in unserem Leben. Wobei wir mit „Garten" nicht nur unseren kleinen Garten vor dem Haus meinen, sondern die ganze Schöpfung. Im Kleinen steckt das Ganze und Große. Im kleinsten Garten steckt die große Schöpfung. Ja, hier wird unser ganzes Glück erzählt – aber auch zugleich unser ganzes Leid.

2. Das verlorene Paradies ist der Ort, an dem wir leben. Wir spüren Sorgen und Leid.

Ja, unser ganzes Leid steckt auch in dieser Geschichte der Bibel. Wir müssen nur weiterlesen. Denn wir haben diesen ursprünglichen Garten so ursprünglich nicht mehr. Eden ist vorbei, das Paradies ist verloren. Warum und wieso das so geworden ist, das ist eine tragische Geschichte, und sie wird ein andermal erzählt und gepredigt werden, die Geschichte vom Sündenfall. Heute zählt das Ergebnis. Wir leben jenseits von Eden, noch in derselben Welt, aber doch in einer ganz anderen.
Jenseits von Eden, das heißt: leben mit Sorgen. Gerade mit dem Kinderkriegen und der Arbeit werden in dieser Geschichte am Ende die Sorgen verbunden, die uns umtreiben, die Ängste, die uns aufzufressen drohen. „Unter Mühen sollst du Kinder gebären" und: „Im Schweiße deines Angesichtes sollst du dein Brot essen". Zwei Sätze der Vertreibung aus dem Paradies. Ein Kind bereitet nicht nur Sorgen, wenn es auf die Welt kommen soll. Dass die Frau unter Schmerzen Kinder gebären soll, mag vielleicht heute auch anders gehen. Das kann ich als Mann schwer beurteilen. Aber dass ein Kind unsere Sorge ist und bleibt und manchmal Sorgen macht, das wird sich nicht ändern, solange wir auf dieser Erde sind. Und das ist kein Vorwurf ans Kind. Es ist

einfach so. Und die Arbeit? Ich rede nicht nur von Gartenarbeit oder Ackerarbeit oder Männerarbeit. Die Arbeit, von der wir uns ernähren, ist bei vielen, vielleicht bei den meisten oder allen immer wieder auch mit Sorgen belastet. Und manchmal ist es nicht nur die Sorge, sondern sogar das Leid. Und doch: Wo die Sache mit den Kindern und der Arbeit gelingt, spüren wir auch wieder ein Stück vom geschenkten Garten Gottes, trotz verlorenen Paradieses.

Aber was heißt „jenseits von Eden" noch? Es heißt, dass Menschen krank werden. Dass Menschen sogar wie ein Hiob viel belastet werden und zu Recht sagen: „Es reicht eigentlich. Mehr Sorgen brauchen wir jetzt wirklich nicht mehr." Es heißt, dass Menschen sterben, die wir geliebt haben und lieben. Manchmal ist dann die Sorge oder die Angst da, wie es ohne sie weitergehen soll. Es heißt Naturkatastrophen, wo Flüsse über alle Ufer treten, entfesselt, ob mit oder ohne Verschulden vom Menschen. Es heißt Klimawandel, Landschaftszerstörung, Artensterben, Überbevölkerung. Die gute Ordnung ist dahin. Jenseits des Paradieses zu leben, das heißt: Es passieren Unglücke, Flugzeugabstürze oder Unfälle. Und wir können manchmal eigentlich niemanden verantwortlich machen, so gerne wir oftmals irgendeinen Schuldigen hätten. Es heißt: Gewalt. Attentäter können ganze Länder terrorisieren. Unsere Nachbarn könnten Mörder sein oder sich gegenseitig das Leben zur Hölle machen. Das heißt: Afghanistan, Sudan, Balkan, Irak, Kaukasus, Israel-Palästina. Menschliche Sünde und Schuld sind keine Theorien. Menschen lernen anscheinend nichts dazu. Wer meint, es habe einmal eine goldene Zeit des Friedens gegeben oder wir Menschen würden den ewigen Frieden auf Erden erreichen, der lese von Friedrich Schiller zwei eindrucksvolle gegensätzliche Gedichte: „Die Worte des Glaubens" und „Die Worte des Wahns". In den Worten des Wahns heißt es:

„Der Mensch hascht nach Schatten,
solang er glaubt an die goldene Zeit,
wo das Rechte, das Gute wird siegen –
Das Rechte, das Gute führt ewig Streit,
Nie wird der Feind ihm erliegen,
Und erstickst du ihn nicht in den Lüften frei,
Stets wächst ihm die Kraft auf der Erde neu."

Schiller war sonst wahrlich ein Idealist. Was das verlorene Paradies anbetrifft, ist er es nicht.

Wir könnten unendlich weitermachen mit Beispielen, dass wir nicht mehr ungetrübt im Garten Eden leben. Dabei ist der Ort, an dem wir leben, immer noch gut, immer noch von Gott gehütet, geschützt. Immer noch auch unsere Aufgabe, ihn zu bebauen und zu bewahren, von Gott uns anvertraut. Aber eben keine ungetrübte Sorglosigkeit mehr. Die leidvollen Erfahrungen gehören dazu. Und die Sorgen haben die Tendenz, sich auszubreiten, zu wuchern wie Unkraut, wie ein Krebsgeschwür, und unser Leben zu ersticken und zu zerstören.

3. Die Geschichte vom Paradiesgarten mit Jesus neu verstanden als Zukunftsgeschichte.

Trotz allem: Gott sorgt für Dich und mich. Wir sind und bleiben in Gottes Hand.
Zum Glück wird die uralte Geschichte vom Anfang aller Dinge weitererzählt, auch jenseits von Eden. Wo Menschen mit Gott zu tun haben, da sollen sie wissen: Gott ist und bleibt der liebevolle und der fürsorgliche Gott. Deshalb wird die Geschichte vom Anfang immer noch gelesen, gehört und weitererzählt. Gott hat uns einen Garten geschenkt, wir haben ihn alle miteinander ein Stück weit verloren, viel verloren. Aber Gott hat uns nicht verloren, nicht aufgegeben oder verlassen.

Schieben wir ein kleines Stück theologische Erklärung ein: Vielleicht meinen wir in der Geschichte der Bibel, wenn wir sie lesen, immer, wir hätten *einmal* im Paradies gelebt und jetzt halt nicht mehr. Oder wenn nicht wir, dann Adam und Eva, als seien das zwei historische, individuelle Menschen, wie du und ich, gewesen, die als erste Menschen vor langer, langer Zeit gelebt haben. Und die hätten eben einen Fehler gemacht, für den uns Gott bis heute büßen lässt. Bei diesem Verständnis frage ich mich: Was soll das?

Es gibt eine andere, bessere Deutung der Geschichte. Die Menschen leben immer schon jenseits von Eden, haben schon immer das Paradies verloren. Diese Auslegung sagt: Was da am Anfang der Bibel ausgedrückt wird, ist nicht vor allem das, was irgendwann einmal geschah. Es beschreibt weniger den Anfang, als vielmehr unsere Zukunft.
Der, der am meisten von dieser Zukunft her die Welt und die Menschen gesehen hat, war Jesus. Zum Raubmörder am Kreuz neben ihm hängend, sagte er: „Wirklich, verlass Dich darauf! Heute noch wirst du mit mir im Paradies sein.“ „Ich schenke dir einen Garten“, sagte er zu einem, der qualvoll neben

ihm am Kreuz starb und im Unterschied zu ihm nicht ohne eigene Schuld. Jesus war ein Erinnerer ans Paradies. Er sah immer Gott hinter seiner Schöpfung, hinter Lilien auf dem Feld und hinter Vögeln unter dem Himmel. Er sah und glaubte an die Fürsorge Gottes, an seine Vorsorge und Nachsorge. Das Evangelium heute aus der Bergpredigt – „Sorget nicht!" – spricht für sich.

Liebe Gemeinde, das ist die einfache, leicht-machende, aber schwer zu lernende Botschaft von Gott an uns. Ich sag's auf Fränkisch: „Schmeiß sa na hie alla deina Sorgen und wuro'st immer denken musst. Dei Gott wird des alles aufheben; weil nämlich: er kümmert sich ganz arch um diech." Auf Hochdeutsch: „Alle eure Sorge werft auf ihn, denn er sorgt für euch."

Gott sorgt für uns, liebe Gemeinde Wenn wir uns das gesagt sein lassen, verändert sich unsere Sicht der Dinge. Es vertreibt manche Sorgen aus unserem Leben. Und ohne Sorge schaut die Welt anders aus.
Überall sind heute schon Gottes Spuren zu entdecken, Spuren aus dem Garten Eden. Da ist das Morgenlicht eines neuen Tages, die Sonne, der Gesang der Amsel, die Farben der Natur. Da ist das Wunder der Verliebten und das unbegreifliche Wunder, dass Kinder geboren werden und das Leben weitergeht, Zukunft hat. Zumindest vor Gott.

„Morgenlicht leuchtet, rein wie am Anfang…
Dank für die Spuren Gottes im Garten…
Glanz, der zu mir aus Eden aufbricht…"
Amen.

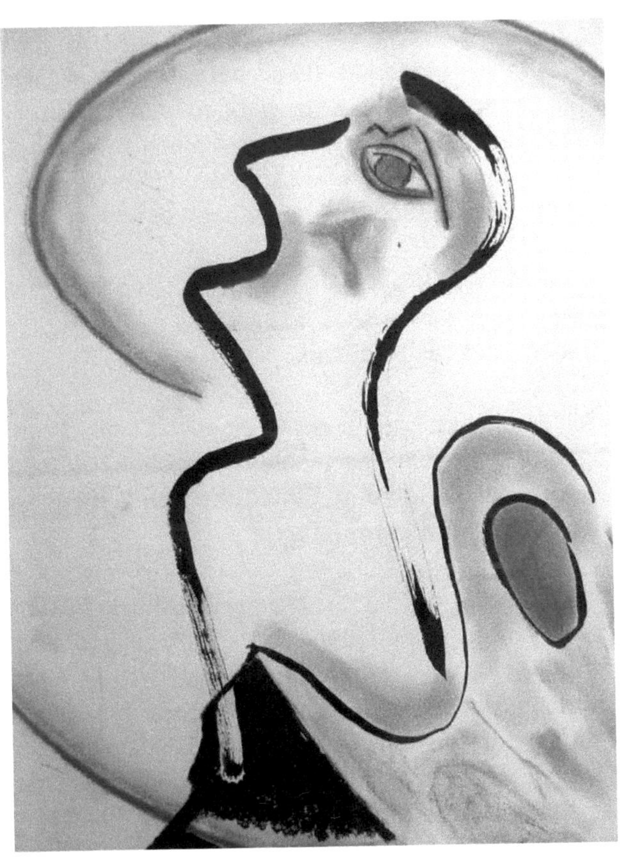

Klage

Sieht Gott wirklich hin?

1. Mose 22, 1 – 14

Liebe Gemeinde!
Eine schreckliche, furchterregende Geschichte ist das. Muss man gegen diese Geschichte nicht protestieren im Namen Gottes und im Namen des Menschen? Passt diese Geschichte noch in unser christliches Gottesbild? Passt dieser bedingungslos Gehorsam fordernde, prüfende Gott noch zum Gott der Liebe des Neuen Testamentes? Und Abraham – hätte er sich nicht widersetzen müssen? Darf man diese Geschichte heute noch weitergeben an Kinder und Erwachsene?

Nun, wer über diese Geschichte entsetzt ist, hat immerhin etwas vom Aufregenden dieser Geschichte gespürt; deutlicher vielleicht als viele, die gegen diese Geschichte überhaupt nichts einzuwenden haben. Nein, eine Erzählung wie diese kann nicht weitergegeben werden, einfach so, ohne sich Gedanken zu machen. Man muss schon genau wissen, worum es da geht und was man da sagt. Warum wir diese Geschichte heute noch brauchen.

Wenn wir uns mit Abraham auf den Weg zum Land Moria machen, dann wühlt uns das auf. Dann kommt alles hoch, was wir an Vater- oder Muttergefühlen in uns haben. Und das ist gut so.

I. Lassen Sie uns, bevor wir in unseren eigenen Gefühlen untergehen, ein wenig mit Abstand an die Geschichte herangehen. Ich möchte Ihnen **Sören Kierkegaard und seine Einteilung von Menschen in unterschiedliche Kategorien vorstellen.**

Einer, der sich am tiefsten mit der Geschichte Abrahams beschäftigt hat, war der im 19. Jahrhundert lebende dänische Theologe und Philosoph Sören Kierkegaard. In seiner Schrift „Furcht und Zittern" hat er durchgespielt, wie Abraham sich hätte anders verhalten können. Er hat alle Möglichkeiten durchdacht. Kierkegaard hat diese Abraham-Geschichte gewählt, zum einen, weil er seine eigene Leidensgeschichte darin wiederfand. Zum anderen, weil er meinte, das Christliche sei inzwischen so eingeschläfert und verweltlicht, dass man schon die abgründigste Geschichte braucht, um es wieder aufzuwecken.
Kierkegaard unterschied drei Gruppen von Menschen, die sich freilich nicht völlig gegeneinander ausschließen müssen.

Da ist zunächst der **ästhetische Mensch.**
Das ist der Mensch, der die Schönheit des Lebens genießt. Aber dieser Mensch, wenn er nur genießen will, strauchelt schließlich. Er übernimmt keine Verantwortung für sich, für andere Menschen und für die Welt. Darum führt sein Weg schließlich in die Leere und Langeweile.

Der Mensch, der diese Verantwortung für sich sieht und übernimmt, ist der **ethische oder moralische Mensch.**
Das ist der Mensch, der sich engagiert: sozial, politisch oder kirchlich. Aber auch dieser Mensch muss, wenn er nicht mehr hat als seine Moral, scheitern. Warum? Erstens, weil Gott nicht an unsere Moral gebunden ist, und zwei-

tens, weil wir uns dabei selber überschätzen. Wir sind viel zu sehr in uns selbst verschlossen, als dass wir völlig moralisch handeln könnten.
Und dann gibt es die dritte Gruppe, und hier kommt das eigentlich Christliche in Sicht:
Es ist **der glaubende Mensch**.
Beim Glauben aber hat es der Mensch nicht mehr nur mit sich selbst zu tun. Da bricht Gott in das Leben eines Menschen ein. Diese Begegnung mit Gott bedeutet höchstes Glück, aber auch einmal „Furcht und Zittern". Sie bedeutet Vertrauen, aber auch Vertrauen, wo sich einem Gott völlig verdunkelt und einer in Finsternis hineingeht.
Die Abraham-Geschichte ist eine Geschichte, die alle selbstgeschnitzten Gottes- und Menschenbilder zerbricht, um uns hineinzunehmen in eine wirkliche Glaubensbeziehung. „Der Glaube ist die höchste Leidenschaft in einem Menschen", sagte Kierkegaard. „Leidenschaft" – also etwas, das auch Leiden schafft. Unser Glaube macht uns leidensfähig, macht fähig zum Mitleiden mit anderen und bringt uns auch dazu, dass wir unsere Mitmenschen leiden mögen. Manche bleiben beim Genießen, manche bei der Ethik stehen. Sie sind zu respektieren und zu achten. Aber als Christen sind wir von Abraham herausgefordert, weiterzugehen zum Glauben, zu einer ganz eigenen Gottesbeziehung. Dazu also nun diese Geschichte, diese schrecklich tröstliche.

Es fängt an bei der Überschrift, die man ihr gibt. Bitte nicht „Opferung Isaaks!" Isaak wurde nicht geopfert! Und Isaak, das Kind, ist, so sehr er beteiligt ist und uns berührt, nicht die Hauptperson. „Das Opfer Abrahams" oder „Die Prüfung Abrahams" passt als Überschrift besser, wenn wir Abraham in den Mittelpunkt rücken.
In Klammern gesprochen: So, wie es uns beim Verlust eines Menschen wohl um die Frage geht: „Was wird aus ihm? Was wird aus ihr?", aber doch ehrlicherweise fast noch viel stärker um die Frage geht: „Was wird aus uns? Was macht dieser Verlust mit uns? Wie leben wir weiter, amputiert und verletzt und gekränkt, wie wir nach dem Verlust eines geliebten Menschen sind?" Es ist wichtig, sich immer klarzumachen, um wen es eigentlich geht. Ein trauernder Mensch muss wissen, dass es um seine Trauer, um sein Vertrauen und um seinen Glauben geht. So müssen wir wissen, dass es um Abraham und dann vielleicht auch um uns geht. Nicht um das, was wir tun können. Eher die Frage, wie gehen wir mit dem Schrecklichen um? Und was glauben wir da von Gott?

II. Stationen des Glaubens

1. Gute Erfahrungen mit Gott

„Nach diesen Ereignissen geschah es...“, so beginnt die Geschichte. Man versteht diese Geschichte nicht, wenn man nicht weiß, was für Erfahrungen Abraham mit Gott vorher gemacht hat. Isaak ist nicht einfach nur ein Sohn. Isaak ist ein Geschenk Gottes, geboren im hohem Alter von Abraham und Sarah. Er ist der, mit dem der versprochene Segen und das Heil angefangen haben, Wirklichkeit zu werden. An Isaak war zu sehen, dass Gott für Abraham und die Seinen da war, dass er ihr liebender Gott ist, der sie in eine heilvolle Zukunft führen will. Das Vertrauen zu Gott kommt nicht aus heiterem Himmel. Es wächst mehr und mehr, indem wir gute Erfahrungen machen mit diesem Gott. Glaube ist nicht blinder Gehorsam, sondern zuerst gewachsenes Vertrauen. Die Erfahrung: „Dass ich mich auf Gott eingelassen habe, war gut für mein Leben.“

2. Verdunkelung Gottes

Umso wahnsinniger ist das, was nun folgt. Gott scheint alles zurückzunehmen. Der Erzähler lässt keinen Zweifel daran: Es ist Gott, der Abraham diesen Befehl gegeben hat, Isaak zu opfern. Und Abraham zweifelt nicht: Es ist sein Gott. Darum ist er auf die prüfende Anfrage Gottes sofort bereit, das gesamte ihm mit Isaak übereignete Heilsversprechen wieder in die Hände Gottes zurückzulegen. Er sah keinen Grund, Gott diese Forderung zu verwehren. So sehr war er sich bewusst, dass Isaak und die mit ihm verbundene Heilsverheißung freie Gabe Gottes war. Gott widerspricht sich in seinen Augen, aber er hat sich nicht einen besseren Gott zurechtgelegt. Vielleicht hätte er sagen können: „Ich habe mich getäuscht. Das fordert Gott nicht von mir.“ In Gottverlassenheit dennoch den Willen Gottes tun, bereit sein, sein eigenes Glück und Heil zu opfern, den Weg in die Finsternis zu gehen, ohne Gott aufzugeben – wer kann das? Dieser Abraham ist uns fremd. Der „tolle Abraham“ kommt uns auch „toll“, das heißt so vor, als hätte er seine Vernunft verloren. Das kann keiner, der nicht vorher Gott sehr, sehr gut erfahren hat. In dieser Gottesdunkelheit geht ein Abraham. In diese Gottesdunkelheit geht Jesus ans Kreuz, der, der vorher wie kein anderer überzeugt ist, dass Gott die Liebe ist. Diese Menschen sind nicht die Regel für uns alle. Sie sind „Außenposten“, die bis zum Äußersten gegangen sind, sie haben für uns eine große Bedeutung: Sie können uns trösten.

3. „Gott wird sehen“ – „Gott sieht“

Die mittlere Szene der Geschichte und der Schluss der Geschichte sind miteinander verbunden. Da, wo diese Geschichte am unerträglichsten wird, als der Sohn den Vater fragt: „Hier ist Feuer und Holz, wo aber ist das Schaf zum Brandopfer?“ – da bricht sie um zum Trost. Abraham sagt ihm mit letztmöglichem Ausdruck des Vertrauens: „Gott wird sich ein Schaf zum Brandopfer ersehen, mein Sohn.“ Das ist nicht eine Täuschung des Sohnes. Abraham weiß bestimmt nicht, wie das geschehen soll, was er hier sagt. Aber es ist verzweifelter Glaube an Gott und Vertrauen. „Gott wird sehen“ – an dieser Stelle bricht die Geschichte innerlich schon um. Das ist die Mitte. „Gott wird sehen“ – das ist kein billiger Trost. Abraham ist ja nach wie vor zu allem bereit. Aber es ist der einzige Trost, der vielleicht bleibt. „Gott wird hinsehen.“ Dann sieht er dein und mein Elend, dann sieht er die beiden Opfer: Vater und Sohn, denn Opfer sind sie beide. Und dann kann Gott nicht mehr! Dann ist Gott an seinem Ende! Dann ist Gott dran. Dann ist das nicht mehr nur die Sache des Abraham und seiner Erprobung. Dann ist das die Sache Gottes und seiner Erprobung. Mochte es bisher erscheinen, als sei Gott grausam unbeteiligt, hier wird deutlich: Er ist es nicht!

Wenn ich mir Gott vorstelle, wirklich ganz menschlich, dann ist er spätestens seit diesem Wort „Gott wird sehen“ weit vornüber gebeugt und wie auf dem Sprung. Er lässt die beiden keine Sekunde aus den Augen, um Abraham im letzten Moment in den Arm zu fallen, der das Messer schon erhoben hat. Es ist ein äußerst betroffener Schrei vom Himmel herab, mit dem Gott Abraham zurückreißt: „Abraham, Abraham!“
„Gott sieht hin“, diesen Namen gibt Abraham von nun an diesem Ort: Hebräisch: Moria. Übersetzt: „Der Herr sieht“.

Liebe Gemeinde,
„Gott wird sehen“ – dieser letztmögliche Ausdruck des Glaubens nach vorhergegangener glücklicher Gotteserfahrung und nach vorhergegangener Verdunkelung Gottes steht für mich heute im Zentrum dieser Geschichte.

„Gott sieht hin“ – auf Eltern, die ein behindertes Kind bekommen haben.
„Gott sieht hin“ – auf krebs- und aidskranke Menschen.
„Gott sieht hin“ – auf die Opfer von politischen Diktaturen.
„Gott sieht hin“ – auf das Elend und die Not eines jeden Menschen.

Gott ist nicht unbeteiligt, auch da nicht, wo er uns rätselhaft und dunkel wird. Auch, wo er uns grausam erscheint, ist er nicht unbeteiligt, sondern zutiefst an uns interessiert und uns vielleicht am allernächsten. Das wissen wir seit Jesus Christus noch viel besser. Wenn mich in einer schrecklichen, unbegreiflichen Situation etwas getröstet hat, dann das tiefe Vertrauen: „Gott wird sehen“. Ja, Gott sieht es! Und dann ist es nicht mehr nur meine Sache, sondern seine Sache, das Elend zu ändern. Dann ist das Ganze nicht mehr nur unsere Sache, wie wir mit dem Schrecklichen fertig werden. Dann ist es auch seine Sache, wie er sein versprochenes Heil trotz allem durchsetzt und uns gibt.

Abraham ist kein ästhetisches Vorbild, kein Lebenskünstler, Abraham ist auch kein ethisches Vorbild, kein moralischer Held. Abraham ist Vorbild des Glaubens, Vorbild einer wirklichen Gottesbeziehung.
So hart uns diese Geschichte von seiner Prüfung ankommen mag, ich glaube, wir brauchen sie. Die Welt ist auch ohne diese Geschichte voll von Grausamkeiten. Diese Grausamkeiten verschwinden nicht, weil wir eine vermeintlich grausame Geschichte in der Bibel nicht mehr haben wollen. Im Gegenteil, wir brauchen sie vielleicht dringender in unserem Leben, wenn uns Schrecklicheres begegnet, als wir meinen.
Man muss wohl Ähnliches erlebt haben, um die Geschichte ein wenig zu verstehen. Viele unserer alten Liederdichter haben so etwas erlebt. Darum finden wir in unserem Gesangbuch unter der Rubrik „Gottvertrauen/Kreuz und Trost“ so tröstliche Lieder, die die Verdunkelung Gottes beschreiben, aber zugleich trösten.

„Befiehl du deine Wege und was dein Herze kränkt…“
– das heißt: Was Dein Herz krank macht –
„...der allertreusten Pflege, des, der den Himmel lenkt…“

oder:
„Wer nur den lieben Gott lässt walten und hoffet auf ihn allezeit,
den wird er wunderbar erhalten, in aller Zeit und Ewigkeit…“

oder:
„Was Gott tut, das ist wohl getan, es bleibt gerecht sein Wille;
wie er fängt seine Sachen an, will ich ihm halten stille.
Er ist mein Gott,der in der Not mich wohl weiß zu erhalten,
drum lass ich ihn nur walten.“
Amen.

Vor Gott fliehender Engel

Wüstenerfahrung

4. Mose 22, 1 – 9

Liebe Gemeinde!
Vor 12 Jahren an diesem Sonntag „Judika“ stand ich mit demselben Wüstentext hier zum Amtsantritt das erste Mal. Eine besondere Geschichte für mich diese Geschichte der Wüstenwanderung. Ich frage wieder, wie damals: Ist unser Stadtteil die Wüste? An was für einem Ort, mit welchen Erkenntnissen über uns selber, mit welchen Gefahren und mit welcher Hilfe leben wir? Nun, in der Wüste ist man auf sich selber gestellt. Die Wüste ist da, um Wesentliches im Leben zu klären. Die Wüste ist der Ort, wo es um Leben und Tod gehen kann. Lasst uns die Wüste als unseren Ort des Glaubens nicht so

schnell ablehnen. (Auch wenn es dann eine gut bevölkerte Wüste ist mit Hochhäusern und allerlei anderen Häusern.)
Menschen, die schon in der Wüste waren, sagen: Die Wüste ist faszinierend. Die Wüste ist wunderschön, tiefgehend, innerlich berührend; und natürlich ist die Wüste eine große menschliche Herausforderung. Aber die Wüste lebt, blüht auf ihre Weise.
Die Bibel gibt dem Volk Gottes überraschend oft einen Ort, besser gesagt, Orte, an denen wir unterwegs sind und bleiben sollen. Der Hebräerbrief des Neuen Testaments nennt mit Rückblick auf das Alte Testament die Kirche, Christinnen und Christen, das „wandernde Gottesvolk". Das führt uns zurück in die Wüste. Lasst uns einmal diesen Ort, diese geistliche Geographie, für uns anschauen, was sie uns sagen kann! Was kann uns die Wüste als geistlicher Ort sagen?

- Erstens über uns als Menschen,
- zweitens über die Gefahren und
- drittens über das, was hilft.

Wir hören den sehr urtümlichen, archaischen Wüstentext aus dem 4. Buch Mose, Kapitel 21.
Es sind Erfahrungen aus der Zeit der Wüstenwanderung des Volkes Israel. Hintergründig, tiefgründig, auch therapeutisch interessant. (Es folgt die Textlesung:)

1. Einsichten über uns Menschen.

Das Volk Gottes muss einen Umweg machen, um das Land der Edomiter zu umgehen. Blöde dieser Umweg, der noch tiefer in die arabische Wüste führt. Demütigend, weil der König von Edom die Israeliten, dieses kleine noch landlose Volk mit seiner überlegenen Militärmacht, einfach auflaufen lässt. Faire Verhandlungsangebote zu einem Durchzugsrecht werden durchgestrichen, noch bevor sie richtig formuliert werden können. Da war keine Chance durchzukommen.
Es gibt im Leben nicht immer nur gerade, direkte Wege. Umwege wären nicht schlimm, wenn wir dazu die Geduld aufbringen würden. Aber die fehlt oft. Stattdessen herrschen Unzufriedenheit, Frustration bis hin zu versteckter und offener Auflehnung. Wir Menschen werden hier gezeichnet als solche, die leicht vergessen. Menschen, die die Unfreiheit lieber haben als die mühevolle Freiheit. Wie leicht passiert es, dass wir undankbar werden. Was einmal wirk-

lich reichte, ja glücklich machte, als Gottes Geschenk, reicht plötzlich nicht mehr. Ja, wird verächtlich gemacht. Undankbar werden so Menschen von uns vergessen, die uns viel gaben, und erst recht Gott. Murrende, sich selbst aus der Verantwortung ausklinkende und nur noch über ihre Leitfiguren schimpfende Menschen zeigt uns diese Wüstengeschichte. Die Bibel zeichnet nun wahrlich kein ideales Gottesvolk und nie eine ideale Kirche. Wir können uns auffordern: Vergesst nicht so schnell! Lebt bewusster, dankbarer, lobender, erinnernder! Aber vorher sollten wir sagen: So ist das mit uns Menschen – oft vergesslich.
Einzelne Menschen und ein ganzes Volk vergessen schnell.

Unser Kirchenvorstand war letztes Wochenende zu einem Einkehrwochenende auf Burg Feuerstein. Es ging um den Rückblick auf die Wege von fast sechs Jahren der zu Ende gehenden Amtszeit. Es war sehr, sehr gut, sich den ganzen Weg noch einmal anzuschauen, was alles war, schwer, chaotisch, Aufbrüche, geistliche Gemeinschaft und Umwege. Und das Ganze mit persönlichen Erinnerungen anzureichern, mit Rosen und Dornen, die auf bestimmte Jahre gelegt wurden. Einzelne Menschen und ein ganzes Volk vergessen oft schnell. Umwege sind schwer zu ertragen, alle wollen immer schnell ans Ziel. Aber wenn Leben ein Stück Wüstenwanderung ist, liebe Gemeinde, dann gehören Umwege zum Leben dazu, und vergesst dann, auch dann, nicht das Gute, das Gott für euch bisher getan hat. Aber es ist die Wahrheit über uns:
Der Mensch ist ein Wesen, das leicht vergisst.

2. Das Zweite, was wir am geistlichen Ort Wüste sehen:
   die Gefahren.

Gefahren, die wir selber auf uns herauf oder herab beschwören und die uns zunichte machen können. Schauen wir uns die Gefahren in dieser alten Wüstengeschichte und in unserem Leben an. Schlangen! Gott schickt feurige Schlangen unter sein Volk. Das ist seine Antwort auf Menschen, die sich ihm gegenüber wie Schlangen verhalten. Schlangen werden in der Bibel als heimtückische Tiere erlebt. Schon ganz am Anfang wird die Feindschaft zwischen den Menschen und allen Menschenkindern und den Schlangen gleichnishaft erzählt. Gleichnishaft, aber zugleich doch auch real. „Die Schlange wird dich in die Ferse stechen, du wirst ihr den Kopf zertreten." So wird die Situation jenseits des Paradieses beschrieben: gefährlich und unberechenbar. Ob man dann tatsächlich den Schlangen als Gottes Geschöpfen damit gerecht wird, ist nicht die Frage. Die meisten Menschen fürchten und ekeln sich vor Schlangen. Nur wenige lieben sie. Freilich: Es gibt Kulturen, in denen die Schlange ein Tier der Weisheit verehrt wird, nicht nur der Verführung, wie am Anfang in der Bibel. Ja, die Schlange sogar als ein Bild Gottes.

Von der Schlange geht Gefahr aus. Geht von Gott Gefahr aus? Welche Gefahren gibt es für uns?

Es gibt natürliche Gefahren im Leben, plötzliche Krankheit, und du spürst in dir das Gift. Oder der giftige Biss seelischer Verletzung, der vielleicht schon im Kindesalter zugefügt wurde und als Gift weiter wirkt. Wenn Menschen sich zu solchen unberechenbaren giftigen Wesen wandeln, dann ist das Leben nicht mehr lustig. Aber die größte Gefahr ist doch und wäre, wenn Gott sich gegen uns wendet. Wenn er zur bissigen Schlange würde. In unserer biblischen Geschichte ist das ja beinahe so. Er schickt diese feurigen Schlangen unter sein Volk. Ein so strafender Gott, der auf menschliche Undankbarkeit so giftig und bissig reagiert, ist uns eigentlich fremd geworden, seit Jesus. Vielleicht ist es uns ein bisschen zu fremd geworden. Was empfinden die Menschen in dem belgischen Dorf, in dem über 20 Kinder wohnten, bevor sie beim Busunglück im Schweizer Tunnel ums Leben kamen? Was empfinden die Menschen in Frankreich, vor allem die Kinder dieser Schule, die sich einem kalt berechnenden, brutalen Attentäter, Amokläufer, ausgesetzt sahen? Wird da nicht auch Gott fraglich?

Von einem Theologen und Mystiker des 15. Jahrhunderts, der als Nordafrikaner die Wüste gut kennt, heißt es in einem Gebet, bezogen auf Gott und uns:

„Du erstaunst mich, Gott, erfüllst mich mit Bewunderung.
Wenn ich auf eine Kobra trete, beißt sie mich…
Eine Schlange, die mir zu nahe kommt, töte ich…
Aber wenn wir Dich beißen, schlägst Du uns nicht weg, noch zertrittst Du uns.
Du bläst Kühlung auf uns, wenn wir Dich beißen,
Du hegst uns bei allen Wunden, die entstehen, wenn wir Dich beißen.
Du erstaunst mich, Gott, verwunderst mich.
Wenn ich es wäre, würde ich die Welt zerstören."

Das ist ein anderer Text als der biblische. Da werden wir Menschen diejenigen, die Gott verletzen mit ihrem Gift. Dieses Gebet aus der Wüste und Jesus an seinem tiefsten Punkt sagen uns: Gott selber ist verletzlich. Von Strafe

Gottes zu reden wird schwierig. Unbegreiflichkeit ja, aber die Rede vom strafenden Gott vergeht uns im Blick auf diese Katastrophen. Auf jeden Fall ist da im Glauben, in unserem Verstehen Gottes eine Entwicklung: Gott ist nicht die zurück beißende, sich wehrende Schlange. Gott lässt sich von uns beißen und hegt noch die Wunden, die uns dabei entstehen.

Damit sind wir nicht alle Gefahren des Lebens los, liebe Gemeinde. Immer noch können wir einander zu Schlangen werden, immer noch können uns Menschen tief gehende Wunden zufügen und immer noch können wir selber keine Möglichkeit finden oder ergreifen, um lebendig zu bleiben trotz des Gebissenseins. Trotz Krankheit. Trotz Tod eines lieben Menschen. Trotz eigener Schuld. Trotz allem Verstricktsein in irgendwelche undurchschaubare Geschichten trotz allem am Leben bleiben? Es geht immer noch um die Frage, ganz positiv, was uns denn hilft gegen giftigen Schaden und tödliche Wunden, die nach wie vor da sind auf vielerlei Weise. Bevor wir die letzte Weisheit der Schlangengeschichte betrachten, singt uns der Chor ein Lied, das beschreibt, wie Jesus Christus und sein Kreuz der an einem Pfahl aufgerichteten ehernen Schlange ähnlich sind und wie dieses Kreuz ähnlich heilende Wirkung hat, wie das Betrachten den Blick auf die eherne Schlange für die Gebissenen in der Wüste.

Wir hören unseren Chor: „Wenn ich das Kreuz dort auf Golgatha sehe“.

3. Eine ungewöhnliche Hilfe.

Da ist in der Geschichte, die am Stab erhöhte, von Mose bildnerisch gefertigte, eherne Schlange, hoch aufgerichtet – ein weithin sichtbares Symbol. Gott nimmt die Schlangen seltsamerweise nicht weg. Die Gefahren bleiben, aber er bietet ein Heilmittel. Wer diese eherne Schlange, also genau das gleiche Symbol, das ihn tödlich verwundet hat, ansieht, bleibt am Leben. Sobald man den Biss auch nur spürt, gilt es, den Blick auf die eherne Schlange zu richten.

Liebe Gemeinde, Sie kennen den Äskulap-Stab, die um einen Stab geschlungene Schlange als Zeichen der Ärzte und Apotheker. Gemeint ist: Gegen jedes Gift gibt es ein Gegengift zur Heilung. Der christliche Glaube sagt: Dem leidenden Menschen hilft der Blick auf den Leidenden.

Manche tun sich schwer, das Kruzifix anzuschauen. Manche sehen darin nur die Grausamkeit. Was soll das, dieses Zeichen nicht nur in Kirchen?. In manchem Zimmer zuhause über dem Bett eines sterbenden Menschen, was soll das? Wir weichen der Härte oft aus. Wir fragen dann warum, wenn etwas geschieht, warum konnte es so kommen? Aber vielleicht ist in vielen harten Situationen das gar keine hilfreiche Frage. Vielleicht muss die Frage nur noch lauten: Was hilft jetzt? Nicht einmal: wer war schuld, sondern: Was hilft jetzt? Martin Luther, nach dem diese Gemeinde hier ihren Namen hat, hat noch so gedacht. Er sagte: man muss manchmal von Gott weg zu Gott hin flüchten, von einem verborgenen, dunklen, rätselhaften Gott hin zum liebenden, heilenden, begleitenden, mitleidenden Gott, der sich in Jesus zeigt. Und, wie auch immer wir es verstehen, nirgends zeigt sich die Liebe Christi, die die Liebe Gottes verkörpert, tiefer als am Kreuz. Der Gekreuzigte ist für uns die Verkörperung Gottes, der uns nicht alles durchgehen lässt, der aber auch nicht dreinschlägt und die Welt zerstört, sondern der uns dieses Zeichen anbietet – als Therapie, könnten wir sagen. Therapeuten sagen: Du musst dir Deine Angst anschauen, darfst nicht vor ihr davonlaufen, wenn du mit ihr fertig werden willst. Du musst dir deinen Schmerz anschauen, du musst dir deine Trauer anschauen, du musst dir deine Schuld anschauen. Wird nicht das alles sichtbar im gekreuzigten Jesus? Zur Therapie gehört ein genaues Hinschauen, wo das Gift steckt, wo ich gebissen wurde. Von wem ich das alles habe. Der gekreuzigte Jesus sagt mir, Du kannst nicht tiefer fallen als in Gottes Hand.

Mein Konfirmationsbild auf der Urkunde ist das Bild vom Isenheimer Altar. Da ist Verschiedenes zu sehen: Johannes der Täufer mit dem überlangen Zeigefinger, der auf Christus zeigt und sagt: Dieser muss wachsen, ich muss abnehmen. Da sind die verzweifelten, fast ohnmächtigen Frauen, Maria und Maria Magdalena, die das Kreuz umschlingt, da ist in damaliger Bildsprache das Opferlamm, das Osterlamm, unter dem Kreuz schon, vor allen Dingen aber ist da der Gekreuzigte, schmerzverzerrt und mit seltsamen schwarzen Punkten am ganzen Körper übersät. Dieser Isenheimer Alter von Matthias Grünewald stand in einem Spital, einem Krankenhaus, in Isenheim, bevor er nach Colmar ins Museum kam. Ursprünglich stand er den Menschen vor Augen, die an der sogenannten Mutterkornkrankheit litten. Ein Getreidekorn, das verzehrt zu fürchterlich schmerzhaften und am Ende dann auch tödlichen Ausschlägen am ganzen Körper führte; und mit eben dieser Krankheit hat Matthias Grünewald Jesus am Kreuz gezeichnet. Kein schönes Bild für einen Gesunden, aber ein tröstliches Bild für einen Kranken. Richte Deinen Blick auf ihn. Sind wir noch in der Wüste? Ja, auch jetzt noch, nach der Predigt. In der Wüste und auf Golgatha.

Aber hoffentlich etwas weniger vergesslich. „Nun wir hören unsere Herzen ganz dem Mann auf Golgatha“, ein Lied von Friedrich Bodelschwingh, der sich in Bethel mit Kranken und Behinderten umgab. Einen Seelsorger, der den Schmerz und die Hilfe kennt. Die Todesgefahr und die Rettung.
Amen.

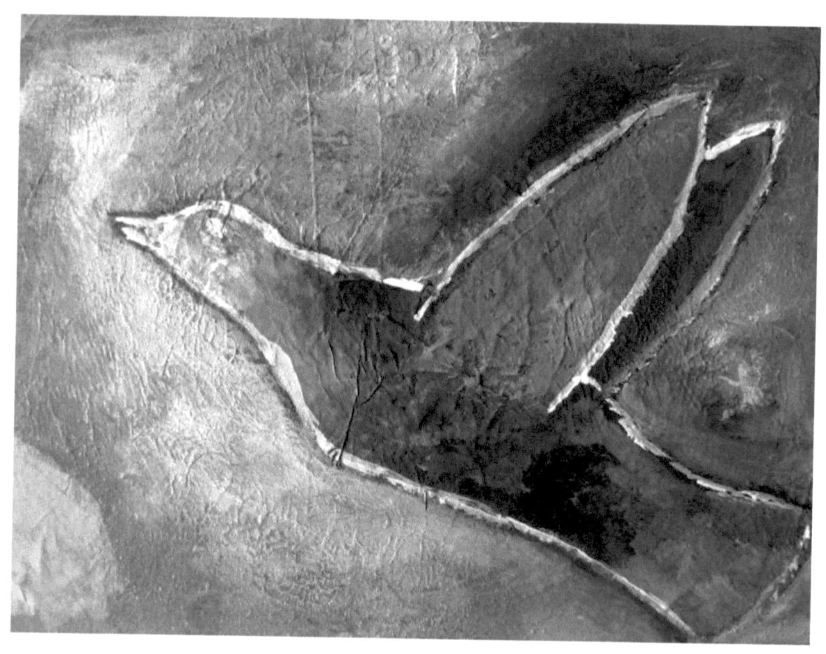

Stille Taube

Lass!

Jesaia 30, 15 – 17; Römer 8, 31b – 39;Lukas 12, 25 – 40; 2. Mose 13, 20 – 22; Hebräer 13, 8 – 9b

Liebe Gemeinde!
Wenn wir so an der Jahreswende stehen, dann ist die Frage: Was sollen wir noch tun? Feiern oder sich ernsthaft besinnen? Allein sein oder in Gemeinschaft diese letzten Stunden verbringen? Irgendwie haben diese letzten Stunden des Jahres ein fremdartiges Gepräge. Eine Zeit ist das, in der man nicht mehr viel ausrichten kann, was das Jahr betrifft. Man kann nichts mehr groß verbessern, verschlechtern eigentlich auch nicht unbedingt, wenn man nicht eine Torheit begeht, in Alkoholgenuss oder Unachtsamkeit. Ich möchte die letzten Stunden des Jahres unter dem Gesichtspunkt der alten und der neuen Jahreslosung sehen und mir fällt auf, dass sie beide mit dem gleichen Wort beginnen: „Lass!" Die alte Jahreslosung: „Lass dich nicht vom Bösen überwinden, sondern überwinde das Böse mit Gutem." Die neue Jahreslosung heißt eigentlich nur: „Christus spricht: Meine Kraft ist in den Schwachen mächtig." Wenn wir genauer nachlesen, dann gefällt es mir besser, wenn ich den ersten Teil dieses Satzes auch dazu nehme: „Lass dir an meiner Gnade genügen, denn meine Kraft ist in den Schwachen mächtig." Also immer dieses „Lass!" am Anfang. Können Sie sich einen Gottesdienst vorstellen, nur über ein Wort mit vier Buchstaben? Nun, wir werden es mit diesem Minimalismus heute Abend versuchen.

LASS! – Vielleicht sind diese letzten Stunden wirklich da, um es zu lassen, etwas loszulassen, nicht zum Festhalten, zum Festklammern, sondern zum Lassen, etwas geschehen lassen, vielleicht noch mit sich, aber nicht mehr groß etwas machen oder vollbringen wollen. Vielleicht auch etwas nicht geschehen lassen. Es ist ein Zulassen oder ein Nicht-Zulassen, eine Erlaubnis, ein Widerstand-Aufgeben bei uns und bei Gott. Wäre es nicht wirklich gut, diese letzten Stunden so zu verbringen, dass wir alles krampfhafte Bemühen lassen und stattdessen mit Gott reden? In der liturgischen Sprache spielt das Lassen eine große Rolle, auch in unseren Liedern und vor allen Dingen in unserer Zuwendung zu Gott, in unseren Gebeten. So bewegen sich alle Lieder und Gebete, die Lesungen sowie Beichte und Feier des Heiligen Abendmahles um das kleine Wort „Lass!". Wir knüpfen an Weihnachten an. In die Weihnachtszeit ist die Jahreswende eingebettet. Lasst uns beten:

Gott,
Zeit ist eigentlich nicht dein Medium, sondern Ewigkeit.
Trotzdem kommt alle Zeit der Menschen und des Universums von dir.
Und du gehst selber mit der Geburt von Jesus ein
in eine zeitlich begrenzte, irdische Existenz.
Wir warten auf ein neues Jahr.

Lass uns deine Gegenwart wahrnehmen.
Hilf uns bei allem, was wir heute lassen,
dem Loslassen und Weglassen,
dem Zulassen und dem Geschehenlassen.
Auf Jesus verlassen wir uns.
Dir und deiner Liebe möchten wir uns überlassen wie er
in Zeit und Ewigkeit. Amen.

Im „Lass!" steckt, wenn wir es positiv wenden, Gottes Erlaubnis, Gottes Dazutun, dass etwas geschieht. Lass etwas wachsen in mir! Muss Gott seine Erlaubnis geben zu vielem in unserem Leben? Es ist nicht so, dass wir Antragsteller sein müssen, nicht selber Dinge in die Hand nehmen dürfen, aber manchmal ist das Lassen eine wichtige Erfahrung, das eigene Lassen und Gott bitten, dass er die Erlaubnis zu etwas gibt, nicht selbstmächtig etwas zu tun und zu glauben, man sei schon mit allem auf dem richtigen Dampfer.

Fünf Lesungen dieses Tages mit kurzen Kommentaren bilden die Predigt heute Abend.

Lass uns nicht in unser Unglück rennen, ohne Anhalten und Innehalten!

Dieses Jahr hat weltpolitisch große Einschnitte gebracht: Fukushima und die große Erschütterung des Vertrauens in die Sicherheit der Atomkraft. Der Auslöser war nicht eine menschliche Schwäche, sondern Naturgewalt. Der Mensch wurde von seiner hohen Technik der Atomkraft zurückgeworfen auf Naturgewalten. Und wenn Gott sie lässt, dann sind sie mächtiger als wir. Wir haben nicht durch Demonstrationen oder menschliche Klugheit oder Vermittlungsfähigkeit, Diplomatie das Aus der Atomkraft in Deutschland erlebt, sondern die Natur selbst, in der Gott etwas lässt, sein lässt, war für uns Deutsche das Ende, wo man merkte, so geht es nicht weiter. Auch wenn es dann für uns schwer sein sollte, es zu akzeptieren: Wir müssen wohl sagen, Gott ließ es zu.

Das zweite große weltpolitische Ereignis ist das, was auf den Finanzmärkten nun schon seit Monaten im Gespräch ist, und wie alles gerettet werden muss. Erst waren es Banken, jetzt sind es Nationen. Und die Frage bei allen Rettungsschirmen ist: Können wir es uns erlauben, wollen wir es zulassen, dass bestimmte Völker vielleicht nicht untergehen, aber doch abgekoppelt werden von der Entwicklung der übrigen. Und in dieser Situation sind wir dadurch, dass wir die Börse, die Finanzmärkte, die Geldherrschaft, Spekulation und Gier sich selbst überlassen haben.
Diese Krise, deren Folgen für die Zukunft wir noch nicht kennen, ist noch nicht zum Halten gebracht worden. Und zu diesen beiden Dingen hören wir die Lesung aus dem Propheten Jesaia für diesen Tag.

Lesung:
Denn so spricht Gott der HERR, der Heilige Israels: Wenn ihr umkehrtet und stille bliebet, so würde euch geholfen; durch Stille-sein und Hoffen würdet ihr stark sein. Aber ihr wollt nicht und sprecht: „Nein, sondern auf Rossen wollen wir dahinfliegen" – darum werdet ihr dahinfliehen, „und auf Rennern wollen wir reiten" – darum werden euch eure Verfolger überrennen. Denn euer tausend werden fliehen vor eines einzigen Drohen; ja, vor fünfen werdet ihr alle fliehen, bis ihr übrig bleibt, wie ein Mast oben auf einem Berge und wie ein Banner auf einem Hügel.

Die ungeheure Erfahrung, dass wir nicht einhalten können beim Rennen ins Unglück. Wir setzen allein auf menschliche Kraft und Stärke. Mit falscher Orientierung. Lass! Lass uns, Gott, nicht dahinrennen wie die Hengste in der Schlacht, getrieben von Panik und Angst, die wir nicht mehr zügeln können.

Unser Leid, unsere Trauer, unser Unglück überlassen wir Dir!

Es sind Menschen unter uns, die sind angefochten. Wenn sie zurückdenken an dieses Jahr, gab es Dinge, die sie als feindlich erlebt haben. Sie mussten vielleicht urplötzlich Abschied nehmen von einem geliebten Menschen. Sie gerieten in eine Krise, eine schuldhafte Situation und wissen nicht heraus, fühlen sich angeklagt, wie vor Gericht. Die ganze Welt ist ein Forum des Gerichts für sie. Es gibt Menschen, die fühlen sich ausgeliefert an andere Menschen oder an eine Welt, die ihnen nicht gut ist. Wir hören dazu die Epistel für diesen Tag aus dem Römerbrief, Kapitel 8.

Lesung:
Groß ist Gott für uns, wer kann wider uns sein? Der auch seinen eigenen Sohn nicht verschont hat, sondern hat ihn für uns alle dahingegeben – wie sollte er uns mit ihm nicht alles schenken? Wer will die Auserwählten Gottes beschuldigen? Gott ist hier, der gerecht macht. Wer will verdammen? Christus Jesus ist hier, der gestorben ist, ja vielmehr, der auch auferweckt ist, der zur Rechten Gottes ist und uns vertritt. Wer will uns scheiden von der Liebe Christi? Trübsal oder Angst oder Verfolgung oder Hunger oder Blöße oder Gefahr oder Schwert? Wie geschrieben steht (Psalm 44, 23): „Um deinetwillen werden wir getötet den ganzen Tag; wir sind geachtet wie Schlachtschafe." Aber in dem allen überwinden wir weit durch den, der uns geliebt hat. Denn ich bin gewiss, dass weder Tod noch Leben, weder Engel noch Mächte noch Gewalten, weder Gegenwärtiges noch Zukünftiges, weder Hohes noch Tiefes noch eine andere Kreatur uns scheiden kann von der Liebe Gottes, die in Christus Jesus ist, unserem Herrn.

Lass! Da kommen wir vielleicht schon zur neuen Jahreslosung: Lass dir an meiner Gnade genügen. Die Gnade Gottes allein ist es, die genügt. Lass alles andere los! Lass dich nicht verwirren, wie Teresa von Avila sagt: „Lass dich nicht verwirren, Gott allein genügt, basta."

Lass uns wach und bewusst leben!

Dieses „Lass!" ist ja so etwas Mittleres zwischen dem, dass wir aktiv oder passiv sind; ein Mittelweg zwischen dem, was wir selber tun können und was wir doch nicht ganz selber tun können, so dass wir Gott bitten: Lass! Lass uns zu Menschen werden, lass uns fröhlich sein. In der Bibel kommt es immer wieder vor, in unseren Gebeten kommt es immer wieder vor. Dieses Mittlere zwischen unserem Tun und Gottes Tun finden wir auch im Evangelium dieses Tages, im Lukas-Evangelium im 12. Kapitel.

Lesung:
Lasst eure Lenden umgürtet sein und eure Lichter brennen und seid gleich den Menschen, die auf ihren Herrn warten, wann er aufbrechen wird von der Hochzeit, damit, wenn er kommt und anklopft, sie ihm sogleich auftun. Selig sind die Knechte, die der Herr, wenn er kommt, wachend findet. Wahrlich, ich sage euch: Er wird sich schürzen und wird sie zu Tisch bitten und kommen und ihnen dienen. Und wenn er kommt in der zweiten oder in der dritten Nachtwache und findet's so: Selig sind sie. Das sollt ihr aber wissen, wenn

ein Haushalter wüsste, zu welcher Stunde der Dieb kommt, so ließe er nicht in sein Haus einbrechen. Seid auch ihr bereit! Denn der Menschensohn kommt zu einer Stunde, da ihr's nicht meint.

Lass! Lass den Gedanken zu, dass das Leben endlich ist und dass du das Ende nicht kennst. Und dass jeder Tag deshalb kostbar ist. Und du wach und ganz bewusst leben sollst. Auch dieser Gedanke an das Ende spielt eine Rolle, an das Ende des Lebens und zugleich an die Vollendung im Licht Gottes. Lasst eure Lichter brennen, lasst eure Lenden umgürtet sein. Lass uns bereit sein, jeden Tag neu in die Freiheit aufzubrechen, wie die Israeliten in der Nacht des Auszugs aus Ägypten. Lass uns bereit sein zur letzten Feier des Lebens mit dir, Gott!

Lass uns die Zeichen Deiner Gegenwart und Führung beachten!

Wir gehen an diesem Abend hinüber in ein neues Jahr, um Mitternacht werden die Glocken läuten; und es werden schon vor Mitternacht, aber dann erst recht nach Mitternacht Millionen von Feuerwerkskörpern in den Himmel gehen und den Himmel farbenprächtig erleuchten. Ob wir das gut finden oder nicht, will ich jetzt gar nicht diskutieren. Manche mögen es sehr, manche denken ans Geld, das anders verwendet werden könnte. Egal. Ich kann's nicht ändern, ich muss es ja doch zulassen. Aber der vierte Gedanke dazu: Es gibt Zeichen, Zeichen beim Hinübergehen in ein neues Jahr, Zeichen am Himmel. Diese Zeichen wollen etwas ausdrücken. Die Feuerwerkskörper waren ursprünglich ein heidnisches Ritual. Krach und Lärm und Feuer zu machen, war ein Zauber, um böse Geister zu vertreiben, um Mut zu haben weiterzuleben, vor allem an einem Punkt, den Wissenschaftler „Rite de passage" nennen. Beim Übergang von einer Phase des Lebens in eine neue braucht der Mensch anscheinend Gewissheit, religiöse Vergewisserung, um die Angst zu vertreiben.

Unsere Lesung des vorgesehenen Predigttextes für diesen Altjahresabend ist aus dem 2. Buch Mose, Kapitel 13. Ich will nicht gesondert darüber predigen, aber wir wollen seine Aufforderung und Zusage hören.

Lesung:
So zogen sie aus von Sukkot und lagerten sich in Etam am Rande der Wüste. Und der Herr zog vor ihnen her, am Tage in einer Wolkensäule, um sie den rechten Weg zu führen, und bei Nacht in einer Feuersäule, um ihnen zu

leuchten, damit sie Tag und Nacht wandern konnten. Niemals wich die Feuersäule von dem Volk bei Tage, noch die Feuersäule bei Nacht.

Lass dir leuchten auf dem Weg. Lass dich führen von Gott. Das ist die Botschaft dieses Textes unseres und des alten Gottesvolkes Glaube. Auch in der Wüste lass dir leuchten, lass dich führen. Du musst deinen Weg nicht allein gehen durchs Leben. Der, der dich berufen hat, der dir das Leben gegeben hat, der, der dich liebt und will, geht mit dir. Lass es zu! Lass!

Lass unser Herz fest werden in der Gnade und Wahrheit von Jesus Christus!

Einen fünften Text möchte ich auch noch hinzuziehen. Auch das kommende Jahr wird für uns einiges bereithalten. Dinge, die wir schon erkennen können, im persönlichen Leben – für unsere Gemeinde auch; dreißigjähriges Jubiläum als eigenständige Kirchengemeinde Martin-Luther im Erlanger Westen, 15 Jahre steht die Christuskirche in Dechsendorf, mit ihrem damaligen Bauverein, dem Förderverein, der schon fünf Jahre zuvor gegründet wurde. 2012 ist Kirchenvorstandswahl. Manchen Herausforderungen werden wir uns stellen müssen und wollen. Aber auch Dinge warten, die wir noch gar nicht überblicken: In der Politik, in der Wirtschaft, wie es sein wird mit den Menschen, die immer mehr zu uns getrieben werden als Asylsuchende, weil es uns so gut geht, ihnen schlecht, sei es wegen des Klimas oder wegen eigener Wirtschaftskrisen oder politischer oder religiöser Verfolgung. Wie gehen wir dann damit um, mit Menschen, die wie wir nur ein gutes Leben suchen? Sind wir da eine „offene Gesellschaft“? Oder schaffen wir uns in Europa Grenzwälle, Mauern, Abschiebegesetze, die klar nur eines sagen: „Wir wollen euch nicht!“? Was ist und bleibt, auch in schwieriger Zeit, unsere Orientierung? Wer bleibt unser Bezugspunkt bei allem Nachdenken, was richtig ist, ohne ständig hin und her zu schwanken. Der Hebräerbrief sagt im Schlusskapitel 13, in dem auch von der Gastfreundschaft die Rede ist:

Lesung:
Jesus Christus gestern und heute und derselbe auch in Ewigkeit. Lasst euch nicht durch mancherlei und fremde Lehren umtreiben, denn es ist ein köstlich Ding, dass das Herz fest werde, welches geschieht durch Gnade.

Lasst euch nicht verunsichern! Lasst auch das nicht zu, sperrt euch! Versperrt den Zugang zu eurem Herzen vor egoistischen Lehren, die nicht mit

Jesus übereinstimmen. Ihr seid nicht einander Feind auf dieser Welt. Und es ist unheilvoll, sein Herz vor anderen zu verschließen. Das Herz braucht nicht Härte, sondern Festigkeit. Diesen Herzensstandpunkt aber gewinnen wir nicht durch äußere Sicherheit oder Abschottung, sondern durch Gnade. Es soll uns nichts mehr scheiden von der Liebe Gottes, von Jesus, der gestern genauso wichtig war wie heute und es in Zukunft sein wird.
Amen.

Etwas kantige Maria

Christsein ist nichts für Feiglinge

Jesaja 50, 4 – 9

(An alle Gemeindeglieder kleine Kieselsteine verteilen)

Liebe Gemeinde!
(Kieselstein zeigen)
Hart wie ein Kieselstein. Zunächst möchte ich davon reden, dass ein Kieselstein etwas Schönes ist. Noch schöner, wenn er im Bachbett liegt, im Wasser, dann kommt seine Oberfläche noch glänzender zur Geltung. Er ist hart, ja, viele Kräfte haben auf ihn eingewirkt. Er hat sich an anderen Steinen reiben müssen im Bachbett, in der Strömung; vor allem durch das ständig ihn umspülende Wasser ist er rund und glatt geworden. Schauen Sie sich Ihren Kieselstein an und fühlen Sie ihn in Ihrer Hand! Er hat eine schöne, glatte Oberfläche und seine eigene Struktur. Ein einzigartiges Geschöpf, so ein Kieselstein. Und er ist nicht nur Symbol für Schweres, sondern auch für Schönheit im Leben.

Gilt das auch für den, der diese Worte zu allererst gesprochen hat? „Gott, der Herr, hat mir eine Zunge gegeben", „alle Morgen öffnet, weckt er mir das Ohr", „ich bot meinen Rücken dar", „ich habe mein Angesicht hart gemacht wie einen Kieselstein".
Wer ist dieser, der so ist wie dieser Kieselstein? Wer ist das, der so von sich redet?

Erste Möglichkeit: **Ist es der Prophet?**
Wir kennen ähnliche Klagen beim Propheten Jeremia, der dem Volk Gericht angesagt hat im Namen Gottes und den es fast zerrissen hat zwischen Gott und dem Volk, der sich auch schon gewünscht hat, nicht geboren zu sein. Er hat auf beiden Seiten gelitten, mit Gott und mit dem Volk. Denn Gott hat einerseits ihm das Ohr geöffnet, so dass er Gottes Stimme klar hört. Und er hat sich andererseits hart machen müssen wie ein Kieselstein. Weil nun große Kräfte auf ihn einwirken, an ihm zerren, wie bei einem Kieselstein im reißenden Bachbett.

Zweite Möglichkeit: Redet hier das **Volk Israel** als ganzes Volk?
Israel, dieses leidende Volk, dass zu Millionen wehrlos und ohne Widerstand in die Krematorien gegangen ist in Auschwitz und Majdanek „die ihren Rücken den Schlägen darboten und ihre Wangen und ihr Gesicht...", ohne sich

gegen ihre Peiniger zu empören. Dieses Volk, das so stur an seinem Gott festhält. Wo nichts geschieht, was nicht mit Gott zu tun hat. Auch das unverständlichste, furchtbarste Leiden hat mit Gott zu tun. Und deshalb: So stumm und ohne Aufruhr sie ihre Leiden nach außen hin trugen, so lebendig und leidenschaftlich und schreiend war ihr Gespräch mit ihrem Gott. Ein Überlebender der Vernichtungslager hat gesagt: „Unsere Gebete waren wie Telefongespräche mit einem unverbundenen Apparat. Wir hatten das Gefühl, dass am Ende der Leitung niemand mehr hört." Aber selbst dann – in letzter Gottverlassenheit – haben sie nicht aufgehört, ihr Recht bei Gott zu suchen. Redet hier also dieses Volk Israel? Auch wenn das politische Volk Israel nach dem Holocaust, der Schoah, der Katastrophe, nicht mehr bereit ist, sich so schlagen zu lassen, lieber Unrecht tun will als zu viel Unrecht zu erleiden.

Dritte Möglichkeit: Oder redet hier **Jesus** schon im Alten Testament?
Wir Christen haben das immer so verstanden. Das Bild des leidenden Menschen, das Leiden des Gottesknechtes, ist für uns durchsichtig. Hinweis auf die spätere Passion Jesu. Jesus, der gehört hat – ein völlig neues, gutes Wort von Gott: Liebe, Barmherzigkeit, Gnade für alle. Jesus, der geredet hat – mit den Müden, den „Mühseligen und Beladenen". Und das sind nicht nur die mit trauriger Miene. Das sind die, denen eine zu große Last auf die Schultern gelegt worden ist: Gebote, Gesetze von Gott, die sie nicht erfüllen konnten. Weil es einfache Menschen waren, die diese Gebote nicht kannten. Sie konnten vielleicht nicht lesen und schreiben, waren nicht intelligent genug, geistig nicht begabt, alles zu begreifen. Oder sie hatten Berufe, die sie immer wieder in Konflikt brachten mit den Geboten Gottes. Und sie mussten Kompromisse machen im Leben. Zu all diesen Menschen war gesagt worden von den Pharisäern und Schriftgelehrten: „Wenn ihr das Mindestmaß nicht erfüllt, dann seid ihr nicht bei Gott, dann gefallt ihr ihm nicht." Menschen, denen das Leben Last genug war, wurde zusätzliche, noch viel schwerere, seelische Last aufgeladen. Und Jesus hat es verstanden, mit diesen Leuten zu reden. Er hat ihnen die Last abgenommen; nicht alles, nicht alle Last. Aber die Last, die sie jetzt noch zu tragen haben, können sie tragen. Mit neuem Mut und Vertrauen. Und schließlich, Jesus, der gelitten hat, wehrlos, die letzte Gottverlassenheit. Er hat es so verstanden: Er hat gehört, und was er von Gott eindeutig und klar gehört hat, dafür muss er einstehen, mit letzter Konsequenz. Deswegen ist er in Jerusalem eingezogen. Er hätte alles vermeiden können, aber er war sich selber treu. Seine Konsequenz war Leiden und dann war es eben das. Mit Recht entdecken wir Jesus Christus in diesem alt-

testamentlichen Text, als den hörenden, redenden, leidenden Menschen schlechthin.

Aber neben Jesus haben auch andere Platz: einzelne Propheten, das Volk Israel, einzelne Menschen in der Geschichte. Haben auch wir Platz in diesem Text, diesem Lied oder Gedicht des Gottesknechtes?

Ich will im zweiten Teil meiner Predigt zunächst euch, die Konfirmanden, anreden. „Jünger" nennt sich der Mann in seiner Selbstdarstellung. „Jünger" – das heißt „Schüler", einer, der lernen soll und darf und muss. Wir können unseren Predigttext lesen als eine „Schule des Christseins". „Schule des Glaubens". Christsein – wozu? Was soll's? Was hat's mir zu bieten, fragt vielleicht mancher von euch am Ende der Konfirmandenzeit immer noch. Und ich kann euch nur sagen: Wir fragen alle immer noch genauso.

Das Beste, was wir sein können, ist „ein Jünger", eine „Jüngerin", Schüler, Fragende, Suchende, Zweifelnde, immer wieder auch Antworten Hörende. Wenn wir über das, was wir bisher gedacht haben, hinaus denken, Schritte tun, um es auszuprobieren. Wie sollen wir euch das Christsein anpreisen? Wie sollen wir es euch schmackhaft machen? Am besten tun wir es nicht mit falschen, marktschreierischen Werbeversprechungen: dass man nur Christ werden müsste, und dann wäre das Leben nur noch schön, angenehm, glücklich und fröhlich. Fun, Spaß, nicht anderes mehr. Das lässt sich nicht halten. Und so viel traue ich euch zu, dass ihr das auch schnell durchschaut: So ist das Leben nicht. Eher ist es so: „Lerne selber zu hören, selbstständig nachzudenken und schon ... wirst Du Schwierigkeiten kriegen!"

Ein Theologe hat einige Thesen über das Leben eines Christen aufgestellt. Eine davon heißt in zwei Sätzen, die zusammengehören: „Das Leben ist schrecklich. Und: Das Leben ist herrlich". Oder andersrum. Was macht in diesem wechselvollen Leben einen Christen aus? Ich denke eines: dass wir das Vertrauen ins Leben nicht verlieren. Dass wir das Vertrauen auch dann nicht verlieren, wenn es uns fürchterlich schlecht geht. Auch wenn du meinst, jetzt ist alles sinnlos, weil dir dein Glück und deine Hoffnung zerstört wurden. Auch dann Vertrauen haben: „Ich gehe nicht unter, ich werde nicht zuschanden. Gott ist mir nahe. Gott hilft mir. Gott schafft mir mein Recht." Was wir als Christen lernen, als Jünger, als Schüler, ist hier: Lebensbewältigung durch Vertrauen. Krisenbewältigung. Zu einem wechselvollen Leben JA sagen. Nicht nur zu den guten Erfahrungen, die es ja, Gott sei Dank, auch gibt.

Nicht nur die Konfirmanden, wir alle haben da einen Lernweg vor uns. „Lernt von mir“, sagt Jesus. Und wer meint, er habe ausgelernt, hört auf, Christ zu sein. Oder er ist zumindest in der Gefahr.
Und nun schauen wir noch etwas genauer auf den Lernweg eines Jüngers, einer Jüngerin. Mit drei Kennzeichen.

Das erste: **Hörfähig sein und werden**
Hören, wirklich hören ist gar nicht so einfach. „Nun hör doch endlich mal zu!“, sagen wir zu einander, weil wir eben oft nicht hören. Unfähig sind zu hören. „Er weckt mich alle Morgen...“. Aber wie wache ich auf und was höre ich schon morgens: Da ist meine Angst vor dem Tag, da sind die Aufgaben, die heute auf mich warten. Da sind die Wünsche, die ich habe. Ich höre nicht das Vogelgezwitscher oder die Stille des Morgens. Die Unberührtheit des Tages. Vielen geht es so. Da ist schon so viel Lärm in ihnen am Morgen, dass sie unfähig sind, noch etwas anderes zu hören. Und der ganze Lärm, der uns dann den Tag umgibt, verstopft endgültig die Ohren. Unruhe und Unzufriedenheit sind die Folgen. „Der Glaube kommt aus dem Hören.“ Das Vertrauen, die Grundhaltung für unser Leben kann nur wachsen, wenn wir Gottes Wort hören. Hörbereit sein, Zeiten aussparen, wo wir ganz Ohr sein wollen. Das ist unsere Aufgabe, wenn wir wollen, dass nicht nur Gerede an unser Ohr dringt, sondern eben auch ein Wort, das in uns Vertrauen schafft. Dass es dann auch wirklich gelingt, klar zu hören, eindeutig das Wort Gottes unter den vielen Worten, das haben wir nicht in der Hand. Hören wir genau: „Alle Morgen weckt ER mir das Ohr“.

Zweitens: **Sprachfähig sein**
Wie jeder von Haus aus zwei Ohren hat, so hat jeder von Haus aus eine Zunge und einen Mund. Fragt sich nur, wozu unsere Zunge, dieses spitze Organ, dient? Die Zunge, das böse Wort, kann tief verletzen. Vielleicht sind das die häufigsten Verletzungen, die Menschen einander zufügen. Die Zunge des Schülers von Jesus, des Christen, ist zu anderem berufen. Dazu nämlich, dass wir fähig sind, das rechte Wort zur rechten Zeit zu sagen und damit zu helfen. Wir sollen Vertrauen wecken, aufmuntern, trösten, ja manchmal auch aufrütteln. Ein Wort, das in die Situation wirklich hinein trifft und weiterhilft. Das haben wir wieder nicht einfach in der Hand. Das muss uns gegeben sein. Gott, der Herr, hat mir eine Zunge gegeben, wie sie Jünger haben. „Dass ich wisse, mit den Müden zur rechten Zeit zu reden.“
Kommen wir noch zu einer dritten Eigenschaft, der schwierigsten:

Dritte Eigenschaft von Menschen in der Nachfolge: **Leidensfähig sein**

Liebe Gemeinde, Leiden gehört zum menschlichen Leben dazu, wie Hören und Reden. Aber wir wollen heute nicht von Krankheit reden, nicht von dieser Art von Leiden, die jedem Menschen früher oder später begegnet. Auch in einem solchen Leiden ist die Grundhaltung des Vertrauens ungeheuer wichtig. Aber davon heute nicht. Das Leiden, auf das wir heute hingewiesen werden, ist anders. Es hat zwei Kennzeichen; zum einen: Es geht nicht um etwas Medizinisches, um eine körperliche oder seelische Störung. Nein, hier wird einem Menschen von anderen Leiden zugefügt. Es wird ihm zugefügt, weil er seine Überzeugung öffentlich vertritt, weil er gehört hat und geredet hat im Namen Gottes. Dieses Leiden wäre zu vermeiden gewesen, hätte er seine Ohren verstopft gelassen und hätte er geschwiegen. Wie gesagt, auch Jesus hätte sein Leiden vermeiden können. Zum anderen ist aber dieses Leiden wirkliches körperliches Erleiden von Schmerzen, auch geschlagen und angespuckt zu werden, tiefste Erniedrigung. Wenn wir diese beiden Kennzeichen beachten, werden wir ein wenig zurücktreten. Dann verstehen Sie vielleicht auch, warum ich am Anfang nicht von uns gesprochen habe, sondern von Propheten, vom Volk Israel, von Jesus. Im Vergleich mit diesen Menschen sollten wir das Wort „Leiden" für uns vielleicht gar nicht so oft in den Mund nehmen. Dieses Wort klingt ja häufig zu dramatisch, zu feierlich pathetisch und wichtig. Bonhoeffer hat sich im Gefängnis dagegen gewehrt, wenn andere von seinem „Leiden" gesprochen haben. Er hat unterschieden zwischen dem, was einem Christen widerfährt und wirklichem Leiden. Widerfahren kann uns als Christen, jedem von uns, einiges. Da kann einer ein wenig belächelt werden, als nicht ganz von dieser Welt angesehen werden, er kann innere Spannungen aushalten müssen, nicht überall dazuzugehören. Wegen seines Christseins. Dazu müssen wir bereit sein. Das müssen wir auf uns nehmen. Ein Jünger, eine Jüngerin ist kein Schwächling. Ein bisschen Widerstandskraft traut Gott jedem von uns zu.

Aber ob einer wirklich leiden muss für Gott, das können wir nicht bestimmen. Dieses wirkliche Leiden ist keine allgemeine Regel für jeden Christen. Es ist Sache Gottes, ob er einen in ein solches Leiden führt und dann auch dazu fähig macht, es zu tragen. Unsere Aufgabe kann es nur sein, im Vertrauen auf Gott zu leben. Von ihm zu hören, unsere Zunge dann richtig zu gebrauchen für andere, zum Wohle anderer und zum Bekenntnis Gottes und etwas widerstandsfähiger zu werden. Und vielleicht dabei, liebe Gemeinde, doch so ein Kiesel mit Schönheit und Härte zu sein und zu werden. Amen

„Er weckt mich alle Morgen". Jochen Klepper hat das dazu passende Lied geschrieben.

Im Sturm

Jesus, die Bibel und die Macht

Matthäus 4, 1 – 11

Liebe Gemeinde!

Je weniger Bildung und Wissen Menschen in ihrem Leben zuteil wird, desto größer ist die Verführbarkeit zu Hass und Fanatismus. Je weniger wir unsere Bibel, unsere Heilige Schrift kennen, desto gefährlicher sind für uns Einflüsterungen, die von anderer Seite kommen.

Er tritt von hinten an ihn heran, ganz nah an ihn gepresst, sein Mund am Ohr des Menschen in der Wüste. Er sieht aus mit Gesicht und Kleidung und Körperhaltung wie der totale Doppelgänger oder wie der Schatten des Menschen. Nur alles an ihm hat nicht die Farbe unseres menschlichen Fleisches, sondern ist kalt – grau. Mich fasziniert dieses Bild von Annegret Fuchshuber in einer modernen Kinderbibel. Es gibt noch ein zweites zu unserer Predigtgeschichte von der Versuchung Jesu in der Wüste: Da sitzen zwei Figuren Rücken an Rücken, das Gesicht nachdenklich auf eine Hand gestützt; die dunkle hat eine goldene Kugel in der Hand, die menschliche einen Dornenzweig.

Erwarten Sie von mir nicht, dass ich viel über den Teufel rede. Ob Beeinflussung durch eine Person, ja eigentlich eine Unperson von außen, oder ob eine innere Stimme, sich einschleichende Gedanken in mir oder noch anderes, interessiert mich nicht brennend. Auch nicht die Existenz der Engel am Ende der Versuchungsgeschichte. Aber brennend interessiert mich, was da der eine dem anderen ins Ohr sagt. Obwohl niemand mit Jesus in der Wüste dabei war, sind das drei kurze Wortwechsel, die für Jesus völlig entscheidend waren in seinem Menschsein und in der Art, wie er seine Gottessohnschaft lebte. Und was da angeboten wird durch den Doppelgänger, den Einflussnehmer, Einflüsterer, berührt uns in unserer Menschlichkeit bis heute. Beginnen wir mit dem Anfang!

Die Versuchung von Jesus in der Wüste ist die Geschichte zu Beginn der Fastenzeit. Vielleicht haben einige von uns sich für die Fastenzeit, Passionszeit, die sieben Wochen bis Ostern, vorgenommen zu fasten. Es muss nicht totales Essenfasten sein. Manche wollen auf Alkohol verzichten, manche auf Fernsehen oder Auto. Es gibt viele Möglichkeiten zu fasten, wenn man nachdenkt: Wovon bin ich vielleicht gefährlich abhängig? Wo will ich wieder meine Freiheit als Mensch spüren? Und wenn genießen, dann bewusst und nicht gedankenlos. „Sieben Wochen ohne...“ lautet die evangelische Fastenaktion. Manche Christen sagen auch: Das „Sieben Wochen ohne...“ ist mir zu wenig, ich will auch „sieben Wochen mit...“ und überlegen, was sie neu in ihr Leben reinholen könnten, um die Mitte des Lebens wieder zu erfahren. Und da nehmen sich Menschen vielleicht vor:

- jeden Tag eine halbe Stunde spazieren gehen, still und betrachtend;
- jeden Tag einen Abschnitt in der Bibel lesen, so viel, dass man es schaffen kann, ein Evangelium bis Ostern ganz durchzulesen;
- oder jeden Abend mit einer kleinen, stillen Zeit beenden oder einem Gebet.

Menschen, die heutzutage fasten – was wollen sie damit erreichen?
Abnehmen und wieder beweglicher werden, gesünder leben, dankbarer und bewusster leben, freier sein, keine Abhängigkeiten, sondern seine Freiheit spüren, näher bei Gott sein. Es gibt viele Beweggründe.

Der Heilige Geist, Gottes Geist, führt Jesus in die Wüste, zum Fasten. Er muss klären, welche Rolle er nach seiner Taufe spielen soll. Der Geist Gottes, der bei seiner Taufe auf ihn herabkam, treibt ihn an zu klären: Wer bin ich? Wer soll ich nach Gottes Willen jetzt und in Zukunft sein? Der Heilige Geist in uns stellt solche Fragen.
Es geht um die Frage: „Ich bin Gottes Kind – aber wie bin ich‘s?“ Beim Fasten geht es nicht nur um einen Teil von uns – etwa um ein paar Pfunde –, es geht um mich selbst und Gott, um meine Freiheit, Menschlichkeit, Gotteskindschaft und meinen Weg und mein Schicksal in dieser Welt. Ob ich das akzeptiere?

Für Jesus war die Versuchung in der Wüste eine Schlüsselgeschichte. Da hat sich ihm sein Leben erschlossen, seine Sendung und seine Aufgabe. Wir werden hoffentlich am Ende der Predigt ein bisschen begriffen haben, dass diese ungewöhnliche Geschichte auch eine Schlüsselgeschichte für uns ist, wer wir sind und was unser Weg ist, dass wir lieber menschlich den Dornenzweig in der Hand haben wollen, als kalt und grau die goldene Kugel.

Ich will Ihnen zunächst noch eine andere Geschichte erzählen. Es ist die Geschichte vom Großinquisitor, geschrieben vom großen russischen Schriftsteller und überzeugten Christen Dostojewski. Ein großes Stück Weltliteratur, das sich genau um unseren Evangelientext dreht. „Der Großinquisitor“ ist eine Novelle aus dem Roman „Die Brüder Karamasow“. Die Situation: Iwan Karamasow sitzt mit seinem jüngeren, zartfühlenden Bruder Aljoscha in einem Restaurant und eröffnet ihm, er habe im Kopfe eine „Dichtung“ verfasst, die er ihm mitteilen wolle, seinem religiösen Bruder, der sich um das Heil seines älteren Bruders sorgt.

Iwans Dichtung: Der Großinquisitor

Sie spielt im spanischen Sevilla, rund fünfzehnhundert Jahre, nachdem Jesus gelebt hat. Alles ist von der Macht der katholischen Kirche geprägt. Die Scheiterhaufen brennen massenhaft, auf dem so genannte Ketzer, Abweichler, Kritische, so genannte Hexen und andere verbrannt werden, die die Macht der Kirche in Frage stellen. Der Großinquisitor ist der mächtigste Mann in der Kirche, mächtiger als der Papst. Hüter des Glaubens der Kirche und Herr über Leben und Tod in einem. Zu dieser Zeit besucht Christus wie damals zu seinen Lebzeiten seine Kirche und seine Menschen. „Die Volksmenge strebt mit unwiderstehlicher Kraft zu ihm hin, umringt ihn, wächst um ihn herum an und folgt ihm nach. Schweigend wandelt er unter ihnen mit einem stillen Lächeln unendlichen Mitleids. Strahlen von Licht und Kraft gehen von seinen Augen aus, ergießen sich auf die Menschen und erschüttern ihre Herzen in Gegenliebe.“ Er wird erkannt und ins Gefängnis geworfen, von den Mächtigen der Kirche. Und da betritt der sehr alte, ja schon greise Großinquisitor alleine die Zelle seines besonderen Gefangenen. Es beginnt ein langes, aufwühlendes Gespräch des Großinquisitors mit Christus. Besser gesagt: Es ist kein Gespräch, es ist ein Monolog, denn Jesus sagt kein Wort bis zum Schluss. Der alte Großinquisitor stellt den Leuchter auf den Tisch der Zelle und sagt zu ihm: „Bist du es? Ja?“ Aber ohne eine Antwort abzuwarten, fügt er schnell hinzu: „Antworte nicht, schweig! Und was könntest du auch sagen? Ich weiß recht wohl, was du sagen willst. Aber du hast auch gar kein Recht, dem, was du früher gesagt hast, etwas hinzuzufügen. Warum bist du denn hergekommen um zu stören? Denn uns zu stören, bist du gekommen, und du weißt es selbst. Aber weißt du wohl, was morgen geschehen wird? ... Gleich morgen werde ich dich verurteilen und als den Schlimmsten aller Ketzer auf dem Scheiterhaufen verbrennen. Und dieses selbe Volk, das heute deine Füße geküsst hat, wird morgen schon auf einen Wink von meiner Hand herbeistürzen, um Kohlen für deinen Scheiterhaufen heranzuscharren; weißt du das, ja, du weißt es vielleicht.“ Und dann belehrt der Großinquisitor den wiedergekehrten Heiland, dass die Kirche nichts anderes zu tun gehabt habe, als Seine, Jesu Fehler, gutzumachen. Jesus wollte den Menschen die Freiheit bringen, doch der Mensch ist nicht geschaffen, frei zu sein. Jesus hat den Menschen einfach zu viel zugetraut und zu viel zugemutet. So nimmt die Kirche den Menschen die Freiheit wieder ab und gibt ihnen, was sie besser tragen können, wenn auch in Unmündigkeit. Die Kirche hat so das ewige Glück der Menschen durch ein „irdisches Glück" ersetzt, das die Kirche huldvoll gewährt. Jesus habe einfach zu groß von den Menschen gedacht. Die Masse ist zu dem nicht fähig, was er einst verkündet und gelebt hat. Deshalb musste die unfehlbare Kirche die Sache selbst in die Hand nehmen. Und daran haben Menschen wie er, der Großinquisitor, schwer gearbeitet. In der Mitte der Rede des Alten stehen ausführlich Überlegungen dazu, dass die drei Worte des Versuchers, des großen Geistes in der Wüste, in genialer Weise das Wichtigste ansprechen, worum es geht. Die Kirche habe gelernt, die Worte dieses genialen Geistes in der Wüste zu berücksichtigen. Jesus war dem gegenüber zu naiv und zu stolz. Man müsse schließlich die menschliche Schwäche berücksichtigen. Wer im Schoß der Kirche bleibt, sei hier geborgen.

Bevor ich, liebe Gemeinde, zu diesen drei großen Versuchungen komme, möchte ich noch ganz kurz das Ende dieser Szene berichten:
Der alte Großinquisitor endet voller Zorn, auch weil Christus in keiner Weise reagiert: „...Wenn jemand in höchstem Grade unseren Scheiterhaufen verdient hat, so bist du es. Morgen werde ich dich verbrennen. Dixi – ich habe gesprochen."
Und das letzte Ende der Geschichte: Der Greis möchte, dass er etwas sage, sei es auch etwas Bitteres, Furchtbares. Aber Er nähert sich plötzlich schweigend dem Greise und küsst ihn still auf die blutlosen, neunzigjährigen Lippen. Das ist seine ganze Antwort. Der Greis fährt zusammen. Es zuckt etwas in seinen Mundwinkeln; er geht zur Tür öffnet sie und sagt zu ihm: „Geh weg und komm nicht mehr wieder ... komm überhaupt nicht mehr wieder ... niemals, niemals!" Und er lässt ihn hinaus auf die dunklen Straßen und Plätze der Stadt. Der Gefangene geht.

Ich habe die Geschichte vom Großinquisitor, eine Geschichte von Christus und seiner Kirche, die beide die gleichen Versuchungen teilten, ausführlich erzählt, weil auch wir heute der Meinung sein könnten: Wir haben doch andere Sorgen, als Jesus sie hatte. Wie kommen wir mit der Finanz- und Wirtschaftskrise klar? Behalte ich meine Arbeit? Wie geht es mit dem Klima und dem Klimawandel weiter? Und dann sind da bei uns persönliche Sorgen: Trennungen, Krankheit, Unruhe. Und wenn es etwas weniger turbulent ist, kann auch ein schöner Lebensstil und Urlaubsplanung noch genug beschäftigen. Sind das die Fragen von heute? Und die Frage, um die sich die Kirche kümmern muss? Ja. Und zugleich hängen sie zutiefst zusammen mit den drei Stichworten des Versuchers bei Jesus in der Wüste.

Menschheitsfragen

Die Aussage des Versuchers in der Wüste und beim Großinquisitor war: Taugen die Menschen – und zwar alle, auch die Masse, alle, auch die Einfachsten – zur Freiheit, oder wollen sie wie eine gehorsame Herde mit Machtmitteln gelenkt, bestimmt und im Grunde zu ihrem Glück gezwungen werden? Und was ihr Glück ist, wissen ihre Führer. Vielleicht fühlen wir uns auch immer wieder von so viel Freiheit überfordert, die Gott uns gibt und die Jesus uns zuspricht. Aber schauen wir uns die drei Angebote des Versuchers an.

1. Brot

Und der Versucher trat zu ihm und sprach: Bist du Gottes Sohn, so sprich, dass diese Steine Brot werden. Er aber antwortete und sprach: Es steht geschrieben: Der Mensch lebt nicht vom Brot allein, sondern von einem jeden Wort, das aus dem Munde Gottes geht.
Gib den Menschen Brot und sie werden dir folgen, weil du dann ihr Brotkönig bist! „Zuerst kommt das Fressen und dann die Moral" (Bert Brecht). Der Mensch lebt vom Brot. Er ist ein durch und durch materielles Wesen. Und Brot meint auch Autos und vieles, was wir zum Leben brauchen und nicht brauchen, aber was doch angenehm ist. Dabei hat Jesus den Hunger der Menschen immer gesehen. Außer Kreuzigung und Auferstehung wird fast keine Geschichte im Evangelium so oft erzählt wie die Speisung der Fünftausend oder Viertausend. Aber Jesus sagt – und darum weist er das Brotwunder als Machtmittel zurück: „Nicht vom Brot allein, sondern auch von jedem Wort, das aus dem Munde Gottes geht." Der Mensch ist auch ein spirituelles Wesen. Wir brauchen Gottes Anrede, seine Ermutigung, seinen liebevollen Zuspruch, seine wahrhaftige Ermahnung, seinen Trost, seine Hoffnung und das Glück, das er selber für uns darstellt.

Liebe Gemeinde, wir sind heute in einer materiellen Krise. Ich kann nicht richtig beurteilen, wie groß sie ist, wie sehr sie herbeigeredet wird. Ich finde die Reaktionen gigantisch. Ich ahne aber, dass diese Krise etwas zu tun hat mit einer Überbetonung des Materiellen, des Geldes und einer sträflichen Vernachlässigung des Spirituellen, der täglichen Ernährung durch Gott.

2. Wunder

Da führte ihn der Teufel mit sich in eine Stadt und stellte ihn auf die Zinne des Tempels (das höchste Gebäude in Israel – heute wären das die Finanztempel) *und sprach zu ihm: Bist du Gottes Sohn, so wirf dich hinab; denn es steht geschrieben: Er wird seinen Engeln deinetwegen Befehl geben und sie werden dich auf den Händen tragen, damit du deinen Fuß nicht an einen Stein stößt. Da sprach Jesus zu ihm: Wiederum steht auch geschrieben: Du sollst den Herrn, Deinen Gott, nicht versuchen.*

Vollbringe Wunder! Tu was Spektakuläres! Zeige ihnen durch eine Show, wie unverletzlich du bist! Und sie werden dir folgen. Später wird es heißen: Bist du Gottes Sohn, so steig herab vom Kreuz! Menschen wünschen sich Wundertäter, verlangen Beweise, dass es Gott gibt. Führer, an den man alle Verantwortung für das Leben abgeben kann. Heiler, allmächtige Ärzte, Genforscher, die alle Krankheiten ausmerzen. Gott soll sich zeigen als Gott der Macht und nicht der Ohnmacht.

Als wüsste Jesus nicht, dass wir uns nach Heilung sehnen und in Not Hilfe und Schutz brauchen. Er hat Menschen geheilt an Leib und Seele. Das waren Zeichen der Herrschaft Gottes. Auch helfende Engel im Auftrag Gottes, in Ordnung. Aber, liebe Gemeinde, jeder und jede von uns wird früher oder später durch Zeiten der Ohnmacht müssen, wo wir, wenn wir abstürzen, sogar hart am Boden aufschlagen können, und auch dann gilt es uns noch, dass wir bei Gott geborgen sind. Wir wissen: Es gibt Wunder Gottes, aber wir sollen Gott nicht durch falsches Wundergerede versuchen und Gott nichts vorschreiben. Stattdessen lasst uns mitfühlende Menschen bleiben im vertrauensvollen Gegenüber zu Gott.

3. Weltherrschaft

Darauf führte ihn der Teufel mit sich auf einen sehr hohen Berg und zeigte ihm alle Reiche der Welt und ihre Herrlichkeit und sprach zu ihm: Das alles will ich dir geben, wenn du niederfällst und mich anbetest. Da sprach Jesus zu ihm: Weg mit dir, Satan! Denn es steht geschrieben: Du sollst anbeten den Herrn, deinen Gott, und ihm allein dienen.

Du kannst die Welt beherrschen, wenn du auf Gott verzichtest. Gott ist dir dabei doch nur im Weg. Nimm die Sache, alles, in deine eigene Hand. Ja, du kannst, wenn du Gott beiseite lässt, die Welt verbessern. Schwächlinge, die Gott zum Leben brauchen!

Hier fällt die Maske. Hat der Dunkle es vorher noch mit einem Bibelzitat versucht – auch der Teufel lernt dazu und kennt seine Bibel –, so ist der Angriff nun frontal. Herrschaft, absolute Macht, Tyrannei und Diktatur – das kann man aus niederen Gründen suchen. Meist aber verbindet sich damit eine Ideologie, ein Sendungsbewusstsein bis hin zu einer Bewusstseins-Spaltung: „Der Zweck heiligt die Mittel." Versuchung ist in der Bibel von Anfang an, sein zu wollen wie Gott. Und das ist das verführerische Versprechen: Du lebst besser ohne Gott. Viele basteln heute an einer besseren Welt, in Wissenschaft und Wirtschaft. Leben und alles ganz in die eigene Hand zu nehmen, ohne Hemmschwellen, Barrieren – wen beten wir dann an? Luthers Erklärung zum ersten Gebot ist immer noch Aufklärung – klar: „Woran du dein Herz hängst, das ist dein Gott."

Zum Schluss zurück zum Sohn Gottes und den Söhnen und Töchtern Gottes, die auch wir sind. Der Gottessohn wählt in seiner Freiheit den ganz und gar menschlichen Weg. Er ergreift den Dornenzweig, nicht die große Weltkugel. Dieser Weg wird ihn ans Kreuz bringen. Es ist der Weg des Vertrauens zu Gott. Es ist bemerkenswert, dass Jesus jede Einflüsterung dessen, der alles durcheinander bringt, mit einem Wort der Heiligen Schrift, der hebräischen Bibel, beantwortet.

Welchen Weg wollen wir in der Fastenzeit gehen? Das Ziel ist: Menschen sein und bleiben und mit Gottes Hilfe immer menschlicher werden. Die Freiheit, die Christus uns zumutet, nicht zurückweisen. Versucht, an Gott, an Christus gebunden, frei zu leben! Und lebt vor allen Dingen in Gottvertrauen! Gott gibt mir, was ich zum Leben brauche. Er schützt und bewahrt mein Leben, auch in Gefährdung und wenn mir etwas zustößt. Er will mich, als freies und lebendiges Gegenüber, dass ich in allen Dingen nach ihm frage und ihn ehre. Amen.

Künstler

Heute leben!

Matthäus 25, 1 – 13

Liebe Gemeinde!

Es gibt ein „zu spät“, das einem schmerzlich bewusst werden kann. Es kann zu spät sein, wenn wir aufwachen, und wenn wir dann merken, wie dumm und uneinsichtig wir waren.

Zu spät, wenn wir uns um unsere kleinen Kinder erst kümmern wollen, wenn sie 20 sind.

Zu spät, wenn wir uns um unsere Ehe und Partnerschaft erst kümmern wollen, wenn einer schon gegangen ist.

Es kann zu spät sein, wenn ich mit einer Krankheit nicht zum Arzt gehe und nichts unternehme – für ein Organ zu spät, vielleicht für mehr.

Auch in politischen Entwicklungen gilt: „Wer zu spät kommt, den bestraft das Leben.“ Diesen bekannten Satz sagte Michael Gorbatschow über die, die die Zeichen einer notwendigen Veränderung im Kommunismus nicht erkannten.

So ist es eben: Es ist alles im Fluss, Leben ist im Fluss, und wenn wir die richtige Zeit nicht ergreifen, dann können wir zu spät kommen. Mancher wird es an diesem Ewigkeitssonntag schmerzlich empfinden: „zu spät“. Er oder sie wird am Grab eines lieben Menschen gestanden haben und die zwei kleinen Worte waren bei aller anderen Trauer dabei.

Zu spät für eine schöne Reise, die man sich für seinen Ruhestand aufgehoben hatte.

Zu spät für einen Wunsch, der seit vielen Jahren aufgeschoben wurde.

Zu spät für das, was man einander noch sagen wollte – unbedingt hätte sagen wollen, irgendwann.

Das gibt es also im Leben: dieses „zu spät“. Aber ich sage gleich ganz deutlich: Es wäre ein katastrophales Missverständnis des Gleichnisses von den klugen und törichten Jungfrauen, wenn wir bei diesem „zu spät“ stehen bleiben.

Bei Gott ist es nie zu spät.

Und unser Gleichnis ist eigentlich nichts Angst machendes, sondern ein Weckruf: „Seid wach!“ Noch ist es nicht zu spät, du lebst. Lebe! Lerne Klugheit, wie Gott sie für dich will. Du musst nicht zu den Törichten gehören. Dass wir uns also im bisherigen Leben etwas schuldig geblieben sind, dass es viele verpasste Gelegenheiten gab, ist nicht die Frage. Was wir unseren Verstorbenen schuldig geblieben sind und sie uns, legen wir in die Hand Gottes

und glauben an die Macht seiner Vergebung. Jetzt aber geht es wieder neu um das Leben, bei dem uns keiner vertreten kann.
Es geht um das, wofür jeder und jede selbst verantwortlich ist, was keiner dir abnehmen kann.
Wir können es keinem abnehmen, sein Leben selbst zu leben, auch unseren Kindern nicht, unseren Jugendlichen nicht. Da können wir euch nichts abgeben von uns oder doch nur wenig. Da seid ihr selber gefordert. Das ist der einzige Sinn, den ich darin sehe, warum im Gleichnis die Mädchen jedes für sich selber sorgen muss. Das ist kein unsoziales Verhalten. Als egoistisches Verhalten könnte Jesus es wohl kaum gut heißen. Das ist so, weil es um etwas geht, was kein anderer für dich tun kann. Niemand kann dir dein eigenes Leben abnehmen, niemand den eigenen Glauben, niemand dein eigenes Sterben. Wir können uns liebevolle und kritische Begleiter sein, die einander aufmerksam machen auf das, was wichtig ist; Menschen, die einander aufwecken. Genau das geschieht mit diesem Gleichnis.

Die erste christliche Gemeinde hat es sich erzählt, als die Wiederkunft Jesu länger auf sich warten ließ, als sie gedacht hatten. Als die Gemeindeglieder anfingen, in ihrem Glauben müde zu werden. Ihre brennende Hoffnung und Liebe anfing, allmählich zu verlöschen und zu erkalten. Da weckten sie sich mit diesem Gleichnis von den törichten Jungfrauen auf. Kritische Begleiter können wir einander sein. Aufwachen müssen wir selber.
Halten wir fest: Es geht heute um uns, um die, die noch leben, denen Leben noch geschenkt ist und für die es nicht zu spät ist. Und da ist nicht alles gleichgültig.

Und nun sind wir gefragt, ob wir zu den „Klugen“ oder zu den „Törichten“ gehören wollen. Was ist „klug“ und was ist „töricht“ in unserem Gleichnis?
„Herr, lehre uns bedenken, dass wir sterben müssen, auf dass wir klug werden.“ So heißt es im Psalm, der oft zu Beerdigungen gebetet wird. Auch da das Klugwerden. Es geht um die Zeit, die wir zum Leben haben. Und wir müssen uns vor Augen halten: Sie ist begrenzt. Unser Leben ist endlich. Kann uns das zu bedenken statt ängstlich einsichtig, lebensklug und lebenstüchtig machen mit Gottes Hilfe?

Wir können nicht ständig an unseren Tod denken. Fatal aber ist es, den Tod aus dem Leben zu verdrängen. Wissen wir, dass gerade die Begrenztheit des Lebens die Stunden und Tage des Lebens ungeheuer wertvoll und kostbar macht? Unsere Verstorbenen erinnern nur, dass wir nicht wissen, wie lange dieses Leben dauert, das uns geschenkt worden ist. Ob kurz oder lang, das ist nicht die einzige Frage, wenn die Zeit begrenzt ist. Erfüllt oder nicht erfüllt, gelebt oder nicht gelebt, lebendig oder ereignislos – das sind mindestens genau so wichtige Fragen wie die Zahl der Jahre.

Was die Jungfrauen und uns verbindet, ist, dass die uns anvertraute Zeit unserer wachen Sorge bedarf. Die törichten meinen, dass Dabeisein beim Fest des Lebens kein Problem sei. Sie rechnen nicht damit, dass es Probleme geben könnte. Und wir? Sind wir wach und klug genug, dass wir wissen, Leben wird immer Probleme geben, Zeiten, die kritisch sind. Wenn ich die klugen und die törichten Menschen ansehe, dann unterscheiden sie sich darin, dass die einen – die klugen – Probleme nicht verdrängen, sondern einbeziehen. Was ist mit dem Öl, dem ausreichenden Brennstoff, für den gesorgt oder nicht gesorgt wird, was ist mit diesem Öl in unserem Leben gemeint? Man sagt von uns Menschen heute manchmal, dass sie „ausgebrannt" sind. Da ist keine Dynamik mehr, kein Elan, keine Fantasie mehr, nur noch bleierne Müdigkeit. Das kann einem passieren. Aber wenn ich ausgebrannt bin, wenn das Feuer in mir am Erlöschen ist, weil ich nicht für Brennstoff gesorgt habe, dann kann ich nicht einfach so weiter machen.
Dann muss ich für Brennstoff sorgen. Oder mich danach ausstrecken. Dann darf ich mich nicht vor den Fernseher setzen, vor dem wir so viel Zeit unausgefüllt verbringen. Dann muss ich etwas für meinen Glauben tun, neues geistliches Leben suchen und ausprobieren, Bibel lesen, beten, die Stille suchen, rausgehen in die Natur. Gespräche suchen.

„An Gott glaubt nur, wer Zeit für ihn hat", sagt ein Theologe in einem ernsten Satz. Ein kritischer, sehr klarer Maßstab, finde ich: Was mir wirklich wichtig ist, dafür habe ich auch Zeit. Wir haben Zeit, so lange wir leben. Wir können sie uns nehmen. Wir können die Schwerpunkte im Leben anders legen. Wir dürfen das. Und manchmal müssen wir es, wenn wir uns nicht selber von einem ganz entscheidenden Stück Leben ausschließen wollen.

Also, sich wirklich um seinen Glauben kümmern – das ist eine Forderung der Klugheit, die ich für uns sehe. Das Gleiche gilt für das Kümmern um Menschen: Ein Soziologe schreibt über unseren modernen Lebensstil: „Sie zerbrechen die besten Ehen und gehen in rascher Folge immer neue Bindungen ein ... besessen vom Ziel der Selbstverwirklichung, reißen sie sich selbst aus der Erde heraus, um nachzusehen, ob ihre Wurzeln auch wirklich gesund sind."

Warum glauben wir nicht mehr daran, dass man eine schon fast eingeschlafene Liebe wieder aufwecken kann! Dann man wieder Öl ins Feuer gießen kann! Dass man streiten kann und neu lieben, wieder freundschaftlich miteinander umgehen kann, wieder zärtlicher sein kann. Auch die Liebe, wie die Beziehung zu Gott, braucht Zeit. Und für diese Zeit Sorge zu tragen, ist klug. Dafür nicht zu sorgen, ist töricht.

Und wie steht es mit unserer Hoffnung? Sind wir noch Menschen, die erfüllt sind von großen lebendigen Hoffnungen? Oder sind wir doch eigentlich ziemlich resigniert? Haben wir uns abgefunden und erwarten nichts Neues mehr? Nur noch der Wunsch nach einem abgesicherten Leben, das es dann doch nicht gibt? Christlicher Glaube ist ein Glaube, der auf Auferstehung hofft. Wir hoffen auf eine Auferstehung nicht erst am Ende der Tage, sondern dass es eine Auferstehung für jeden von uns geben kann, mitten im Leben.
Amen.

Harlekin

Menschen und ihr Glück

Markus 2, 18 – 22

Liebe Gemeinde!
Stellen Sie sich vor, Sie hätten jemanden 20 Monate lang gekannt und dann zeigte man Ihnen 20 Jahre lange jeden Tag 20 Portraits, die ihm nicht gleichen. Wird dann Ihr Gedächtnis sein wahres Bild wieder entdecken?

So hält man uns schon 20 Jahrhunderte lang in hunderttausendfacher Weise verschiedene Bilder von Jesus vor, lange Jesusgestalten als Mosaik, blonde Jesuserscheinungen mit einem goldenen Heiligenschein, Jesusgestalten, die als Apollo, als Jupiter und als Adonis verkleidet sind, ja Jesus in flämischer, italienischer und spanischer Ausprägung, Jesus in der Gestalt eines Afrikaners oder eines Südseemenschen, Jesus aus Holz, Bronze und Seife – alle diese Jesusbilder aber sind Heiden! Erinnere ich mich dann noch an Jesus, der Jude war, aber ein ganz überraschender? Jesusbilder gibt es viele. Wer ist er wirklich – gewesen und heute? Unser Predigttext gibt eine Antwort: Einer, der Neues brachte, gegen das Übliche, hier gegen die übliche Fastenpraxis.

Und nun ist es so: Der Art und Weise, wie Jesus ist, entsprechen auch seine Jünger und Schülerinnen. Jesusbilder und Menschenbilder gehören zusammen. Wenn wir auf Menschen schauen – was können wir da von Jesus erkennen? Drei Menschenbilder will ich Ihnen vorstellen. Was zeigen sie uns von Jesus?

Das Erste: **Teresa von Avila**

„Wenn Rebhuhn, dann Rebhuhn; wenn Fasten, dann Fasten!" – So soll die Mystikerin und Kirchenlehrerin Teresa von Avila Anfang des 16. Jahrhunderts einmal gesagt haben. Und sie trifft damit den Nagel auf den Kopf, was Jesus meinte. Teresa war eine ungewöhnliche Frau, die sich in der Männerwelt der Kirche gut zu behaupten wusste. Sie war fromm, ernsthaft und klug, dazu war sie überraschend witzig. Ich denke, Jesus hätte an ihr seine Freude gehabt. So blieb sie auch im Alter ein ungewöhnlicher Mensch und eine überzeugende Nachfolgerin von Jesus. Es gibt ein wundervoll humorvolles Gebet von ihr, als alte Äbtissin in unserem Gesangbuch. Ein Beispiel für unangepasstes christliches Leben ist die heilige Teresa von Avila. Diese spanische Nonne war schon in ihrer Zeit ungewöhnlich. Sie war ein selbstständiger denkender Mensch auch in Glaubensfragen. So zum Beispiel sagte sie: „Es ist kein kleines Kreuz, seinen Verstand einem anderen Menschen zu unterwerfen, der keinen hat. Ich habe das nie vermocht, und es scheint mir auch nicht richtig zu sein."

Wie sehr sie eine Frau war, die aneckte, zeigt, was andere über sie gesagt haben. Zum Beispiel sagte der päpstliche Nuntius damals: Sie ist „...eine ruhelose Vagabundin, widerspenstig und verstockt, die unter dem Deckmantel der Frömmigkeit schlechte Lehren erfindet und sich entgegen den Anordnungen ihrer Vorgesetzten und des Tridentinums (eines katholischen Konzils) außerhalb der Klausur (der Klostermauern) bewegt und doziert wie ein Professor, obwohl der Apostel Paulus den Frauen eine öffentliche Lehrtätigkeit verboten hat.“ Warum hält sich diese Nachfolgerin Jesu nicht an vorgegebene Regeln? Nun möchte ich das Gebet zitieren, das zeigt, wie sehr die Freude und Fröhlichkeit ihr Leben beherrschten:

O Herr,
Du weißt besser als ich, dass ich von Tag zu Tag älter werde und eines Tages alt sein werde.
Bewahre mich vor der Einbildung, bei jeder Gelegenheit und zu jedem Thema etwas sagen zu müssen.
Erlöse mich von der großen Leidenschaft, die Angelegenheiten anderer ordnen zu wollen.
Lehre mich nachdenklich, aber nicht grüblerisch, hilfreich, aber nicht diktatorisch zu sein.
Bei meiner ungeheuren Ansammlung von Weisheit erscheint es mir schade, sie nicht ständig weiterzugeben – aber du verstehst, Herr, dass ich mir ein paar Freunde erhalten möchte.
Bewahre mich vor der Aufzählung endloser Einzelheiten und verleihe mir Schwingen, zur Pointe zu gelangen.
Lehre mich schweigen über meine Krankheiten und Beschwerden. Sie nehmen zu – und die Lust, sie zu beschreiben, wächst von Jahr zu Jahr.
Ich wage nicht, die Gabe zu erflehen, mir Leidensberichte anderer mit Freude anzuhören, aber lehre mich, sie geduldig zu ertragen.
Lehre mich die wunderbare Weisheit, dass ich irren kann.
Erhalte mich so liebenswert wie möglich.
Ich möchte kein Heiliger sein – mit ihnen lebt es sich so schwer –, aber ein alter Griesgram ist das Krönungswerk des Teufels.
Lehre mich, an anderen Menschen unerwartete Talente zu entdecken und verleihe mir die schöne Gabe, es ihnen auch zu sagen.

Eine Frau sehen wir, die mit ihrem Geist „hochzeitlich“ gelebt hat, ohne Verzicht; ich denke, weil sie in der Gegenwart Jesu lebte. Nicht zu seiner Zeit, aber in seiner lebendigen Gegenwart.

Ein zweites Menschenbild: **Muhammad Ali**

Am kommenden Mittwoch wird Muhammad Ali 65 Jahre alt. Geboren als Cassius Clay in Kentucky/USA gilt er als einer der besten Boxer aller Zeiten. In den sechziger Jahren stellten sich viele Deutsche den Wecker, um seine in der Nacht übertragenen Boxkämpfe zu verfolgen. Seinen Namen Muhammad

Ali nahm er nach Anschluss an eine islamische Gruppe an. 1999 wurde ihm der Titel „Sportler des Jahrhunderts“ verliehen. Vor 25 Jahren wurde bei Muhammad Ali die Parkinsonkrankheit festgestellt. Bei öffentlichen Auftritten sieht man das Zittern seiner Hände und sein mühsames Gehen. Fast noch mehr als Boxer wird Ali für das Annehmen seiner Krankheit und seinen Einsatz für die Schwachen der Gesellschaft bewundert und geachtet. Ali hat sein Lebenswerk gefunden. Weniges erinnert an das „Großmaul“, als er seine Siege auf die Runde genau vorhersagte und mitunter sogar Recht behielt. Am 11. September 2001 tritt er als Botschafter seiner Religion auf, verurteilt die Gewalt und betont den friedfertigen Charakter des Islam. Vielen gilt Ali als Friedensstifter und Hoffnungsträger für Toleranz und Menschlichkeit, vor allem auch zwischen Farbigen und Weißen.

Seit ich weiß, dass er ein Leidensgenosse von mir ist, schaue ich natürlich noch genauer hin. Ist da etwas, was mir Vorbild sein kann? Jenseits seiner Religion, die ja nicht die meine ist? Er ist Moslem, ich bin Christ. Trotzdem. Ich habe Cassius Clay bewundert, ich kenne einen Teil seiner Kämpfe. Er war immer einer, der mit Leichtigkeit und nie schwerfällig gekämpft hat. Gilt das auch noch, wenn das Leben bei uns irgendwie zuschlägt? Kann ich vielleicht dann auch noch diesen „Gegner“ mit Jesus und dem Glauben leicht nehmen, vielleicht nicht „großmäulig“, aber leichtfüßig, mit beweglichen Reaktionen, wie es den Boxer Clay-Ali ausmachte? Ja, extrem gefragt: Kann ich mit Gottes Hilfe vielleicht sogar solch einen Lebensgegner noch annehmen und irgendwie sogar lieben?

Liebe Gemeinde, es erscheint mir möglich, auch an einem Nichtchristen etwas von Jesus wahrzunehmen. Und auch er sagt auf andere Weise wie Teresa: „Wenn fasten dann fasten, wenn Rebhuhn, dann Rebhuhn“.

Ein drittes Menschenbild: **Ein Unbekannter von hinten.**

Ich zeige Ihnen ein Bild.
Tattoos, Piercing und bunte Haare oder, wie hier, Glatze sind „in“. Ja, ehrlich: Tattoos sind immer noch „in“! Dabei weiß doch inzwischen jeder und jede, dass es höllisch weh tut, sie später wieder entfernen zu lassen, von den Unsummen, die das kostet, mal ganz abgesehen. Über Geschmack lässt sich bekanntlich streiten, oder besser nicht. Ich werde mich hüten, Menschen mit Tattoos irgendwie abzuqualifizieren. Der Mensch ist ja mehr als sein Tattoo. Ich möchte genau hinsehen, was er oder sie ist, mit dem, was er vor sich her-

trägt, aber auch jenseits von seinem äußerlich Sichtbaren. Wie auch immer, dieser Mensch erreicht, was er will: Ich muss immer wieder hinschauen. Ein Blickfang also. „Carpe diem“ – das Losungswort: „Pflücke den Tag“, oder anders übersetzt: „Nutze den Tag“.
Und dann das Kreuz darunter. Will der Träger sich als Christ outen? Ich bin mir nicht sicher. Zurzeit ist das Kreuz auch oft modisches Accessoire. Immerhin, ich kann es durchaus als christliche Aussage verstehen, den Tag heute, die Gegenwart, auszukosten, zu nutzen. Das Erste wie das Zweite Testament der Bibel warnt uns davor, uns von der Vergangenheit gefangen nehmen zu lassen. Lots Frau wird das zum Verhängnis, und sie erstarrt zur Salzsäule. Und Jesus sagt: „Wer die Hand an den Pflug legt und schaut zurück, ist nicht geeignet für das Reich Gottes.“ Aber auch nur sehnsuchtsvoll zu träumen von morgen oder angstvolles Bangen um die Zukunft verpasst das Leben in der Gegenwart. „Sorget nicht um den morgigen Tag“, ruft Jesus seinen Jüngern zu. Carpe diem! Pflücke den Tag. Lebe ihn heute, lebe ihn bewusst und lebe ihn gerne! Und vielleicht erinnert das Kreuz nicht nur an Jesus, sondern auch daran, dass wir alle sterben müssen. Darum lebt im Augenblick! Kann uns also auch dieser Unbekannte etwas von Jesus vermitteln? Vielleicht hat er eine Ahnung davon, was Glück ist.

Gerne würde ich Sie, jeden von Ihnen, liebe junge und ältere Mitchristen, interviewen, was für jeden und jede von Ihnen Glück ist. Ich empfinde Glück manchmal so: „Glück ist, von der Sonne beschienen und gewärmt, auf einer Wiese zu liegen, in den blauen Himmel zu schauen, nicht vom Gestern verfolgt zu werden und keine Angst vor dem Morgen zu haben, einfach zu spüren: „Ich bin ein Geschöpf Gottes inmitten einer großen, unverdienten Schöpfung.“ Heute würde ich noch eine kleine Erweiterung einfügen und sagen: „Nicht *allein* auf einer Wiese zu liegen...“. „Glück ist auch, gebraucht zu werden, bei etwas höchst Sinnvollem, ist es zu spüren, was man kann, welche Begabungen man hat und das nicht nur für sich selbst. Glück ist es, eine gute Gemeinschaft zu bilden, eingebettet zu sein in Menschen, die Ideale haben, die an Neues glauben, die sich ergänzen, wo keiner alles können muss, aber zusammen sind wir ein großes Ganzes, ja manchmal großartig.“

Da bin ich bei euch Jugendmitarbeiterinnen und Jugendmitarbeitern und bei allen, die sich in unserer Kirchengemeinde engagieren. Wenn wir etwas von Jesus weitergeben wollen, dann geht das durch uns hindurch. Wir geben nicht nur ein sachliche Richtigkeit des Glaubens an Gott weiter. Am besten wird es uns immer gelingen, wenn wir das Schönste, Beste, Hilfreichste, Wohltuendste und Fröhlichste unseres Glaubens, der in uns ist, weitergeben. Dann sind wir, mit Jesus zu reden, „Hochzeitsleute, die nicht fasten", dann haben wir den „neuen Wein in neuen Schläuchen". Wir müssen uns menschlich bemühen – klar, ohne Fleiß kein Preis. Zugleich muss es uns aber selber erfüllen, und wir müssen ausstrahlen, was wir an Kinder oder wen auch immer weitergeben.

Vielleicht ist Glück ja auch ein anderes Wort für Glauben. Für den Glauben, der hier und heute lebt und der Jesus Christus vor Augen hat und der sich nicht von irgendeiner Regel einengen lässt. Nicht, dass Sie sich an die üblichen Regeln halten wie die Johannes-Jünger und auf etwas verzichten, macht Ihr Christentum aus. Entscheidend ist, dass Jesus für Sie und euch jemand ist, der gegenwärtig ist, lebendig – und entscheidend ist die Freude.

Jesusbilder – Menschenbilder, lassen wir uns immer wieder positiv überraschen. Jesus ist anders als wir denken. Menschen sind anders als wir denken. Unser Leben wird so nie langweilig. Amen.

Hier bin ich

Sich dem Kommenden öffnen

Lukas 1, 26 – 38

Liebe Gemeinde!
Die Adventspredigt heute hat – inspiriert von den adventlichen Liedern, die unsere neue Chorleiterin vorgeschlagen hat – drei Teile: Ich will predigen: erstens über ein Zeitwort, ein Verb, zweitens über eine Person, drittens über ein Symbol.

Erstens: **Das Zeitwort oder Verb: „Komm“ – „er, sie, es kommt“.**

Über das kleine Wort „komm“ wollte ich schon lange einmal predigen. Es hat mich fasziniert in Bachkantaten. Ich glaube, Bach liebte diese Bitte „Komm, Jesu, komm!“ Am stärksten ist sie mir begegnet in einer Kantate zu Leben und Sterben. „Gottes Zeit ist die allerbeste Zeit“ oder, wie sie auch genannt wird, „im Actus tragicus“. Da singt, überwiegend ein Männerchor, die dunklen Worte: „Es ist der alte Bund: Mensch, du musst sterben!“. Und dann kommt immer wieder dazwischen, von einer reinen Sopranstimme gesungen, die Bitte „Ja, komm, Herr Jesu, komm“. Solange, bis sich diese Stimmung am Ende durchsetzt und im Raum bleibt. Für die Härte, die der Tod unabänderlich für jeden Menschen darstellt, ist das schon der Trost, wenn es uns gelingt, voller Sehnsucht und mit Reinheit und Liebe zu singen: „Ja, komm, Herr Jesu, komm“. Mit diesem kleinen Wort „komm“ endet die Bibel. „Komm“, liebe Gemeinde, wann sagen wir das? Wie sagen wir das? Was steckt da drin? Stellen Sie sich eine Situation vor, wo Sie zu jemandem sagen „Komm!“

kleine Pause

Zu einem Kind gesagt: „Komm!“, zum Geliebten, zur Geliebten gesagt: „Komm“ Bei Bach klingt's fast erotisch (vielleicht nur für mich als Mann, diese Frauenstimme), aber diese kleinen Worte, diese Bitte, ist ein Wort der Sprache der Liebe. Es geht nicht um Moral. Wir sind immer viel zu schnell bei der Moral: „Was sollen oder müssen wir tun?“ Nein, es geht um Beziehung. Es geht um eine sehr wichtige Beziehung.

„Komm – er, sie, es kommt.“ Dieses beide, Bitte und Zusage, ist die Sprache des Advents, ja, Advent bedeutet übersetzt genau das. Fast alle Adventslieder, die wir heute singen und hören, haben zentral dieses Wort:

- „Es kommt der Herr der Herrlichkeit“
- „Komm, o mein Heiland Jesu Christ“
- „Es kommt ein Schiff geladen“

Auch das Evangelium des Tages spricht davon: „Freue dich sehr, du Tochter Zion ... siehe, dein König kommt zu dir.“

Entdecken Sie es selbst an anderen Stellen. Johann Sebastian Bach schrieb mehrere Kantaten. „Nun komm, der Heiden Heiland“ – dieses etwas fremde

Lied war sein Lied zum Ersten Advent. Komm! Er kommt, Gott kommt. Es ist unsere große Aufgabe, es wahrzunehmen: Deine und meine große Liebe kommt. „Kommt“ – nicht nur „vielleicht“ oder „wenn wir uns anstrengen“. Das ist unser Glück und Heil: Ja, das Schiff voller Kostbarkeit, das geheimnisvolle, mystische, unbegreifliche „kommt“! Ich fordere Sie auf, in den kommenden Wochen vor Weihnachten: Üben wir doch die Sprache der Liebe in dieser Zeit. Fangen wir an, mit dem Wort „komm“, mit einem Wort, zu bitten. Die Sprache der Liebe heißt Bitten. Bitten lässt Raum, Gott kommt anders als wir denken, aber er kommt tatsächlich zu uns!

Am besten wird dieses „Komm“ in der Sprache der Liebe besungen. Ob unser neuer Kirchenvorstand wieder ein singender Kirchenvorstand wird? Ich glaub's und freue mich darauf. Weil es ein gutes Zeichen ist. Und vielleicht sagen wir dann auch im Kirchenvorstand in den Sitzungen oder danach zueinander manchmal: „Komm!“ Oder im Chor zueinander: „Komm, komm, krieg dich wieder ein.“ „Komm“ kann also viele Nuancen haben.

Das Zweite nach dem Wort: **Eine Person kommt – Maria.**

Es gibt eine biblische Gestalt für diese Zeit: Maria. Unsere neue Kirchenchorleiterin hat einige Lieder eingebracht, die im Grunde Marienlieder sind:

- „Es kommt ein Schiff geladen“ ist wahrscheinlich ursprünglich ein mystisches Marienlied.
- „Der Jungfrauen Sohn genannt“ werden wir noch singen – und ebenso
- „Marias Lobgesang“ und
- „Meine Seele erhebt den Herrn“.

Maria – kann uns Evangelischen Maria, die Mutter Jesu, etwas bedeuten? Ich erzähle kurz die erste und vielleicht wichtigste Mariengeschichte aus dem Lukas-Evangelium, Kapitel 1:

An diesem Morgen, an einem Tag wie jedem anderen, steht jemand in ihrer Tür, den sie noch nie gesehen hat. Und, bevor sie nachdenken, fragen, rufen kann, hört sie: „Maria, Gott braucht dich. Du wirst schwanger. Das Kind soll Jesus heißen. Es wird die Welt verändern, und man wird es Sohn Gottes nennen“. Sie hört den Wind draußen, die Schritte auf der Straße, alles geht weiter, aber: Ihre Zeit steht still. Schwanger, hallt es in ihrem Kopf. Wieso schwanger, das geht nicht! Das geht doch gar nicht! Wieso ich, will sie einwenden, Sohn Gottes, was heißt das denn? Das kann ich nicht. Alles gerät durcheinander. Nein, will sie rufen, nein, aber sie tut es nicht. Sie sieht das Licht, dieses warme Licht, und auf einmal hat sie keine Angst mehr. „Die Kraft eines Gottes wird in dir sein", sagt der andere, und sie antwortet: „Ja". Nichts anderes, als nur „ja" (nach Lukas, Kapitel 1, Verse 26 – 38).

Was ist das Besondere dieser jungen Frau Maria? Dass sie zu einem unübersehbaren Abenteuer mit Gott „ja" gesagt hat! Können wir uns in Maria hineinversetzen? Es geht auch um unser „Ja-Sagen" heute:

- das Ja des neuen Kirchenvorstandes,
- das Ja der Gemeinde zu ihm,
- das Ja der neuen Chorleiterin zu diesem Chor und dieser Gemeinde,
- das Ja des Chores zur neuen Chefin und dass manches auch anders sein wird und sein darf als bei ihrer Vorgängerin.

Das wichtigste Ja: Das Ja von allen und jedem einzelnen zu dem, der zu dieser Welt und in unser Leben kommt und der überraschend ist und auffordert, uns auf Unübersehbares einzulassen, wie Maria, und ihm und uns sich lobend zu öffnen in unserem Leben seinen Weg mitzugehen.
„Jungfräulichkeit" – die Jungfräulichkeit Marias haben überwiegend männliche Theologen viel zu sehr biologisch fixiert. Vielleicht hat „Jungfräulichkeit" viel mehr zu tun mit staunen können. „Rein sein" bedeutet dann einfach nur: für Gott offen sein. Leer sein, wie ein Blatt, auf das Gott seine Botschaft schreiben kann.

Das Dritte nach Wort und Person: **ein Symbol – eine Schale.**

Ich möchte Ihnen diese Postkarte zum Anfang der Adventszeit schenken, dem Kirchenvorstand und der Gemeinde, der Chorleiterin und dem Chor. Als Symbol (es handelt sich um eine Karte aus Transparentpapier, hinter das man ein Licht stellen kann, auf dem Transparentpapier ist eine offene Schale zu sehen). Eine Schale ist das Symbol. Vom Leerwerden und Erfülltwerden wollen wir noch etwas hören.

Wir sind in der Regel angefüllt, die Schale von vielen von uns ist voll, übervoll mit allem Möglichen. Mit Gedanken, mit Sorgen, mit Ängsten, mit Konsumgütern ... entsprechend ist auch unser Leben ein Kuddelmuddel, unkonzentriert, zerstreut, hektisch, ohne heilsamen Lebensrhythmus, eben voll ange-

füllt. Ja, aber nicht „erfüllt“. Die erste Aufgabe für uns ist: wieder einmal „leer“ zu werden. Sagen wir: wenigstens etwas aus unserer Lebensschale auszuleeren. In eine Schale Volles passt nichts mehr rein. Auch keine Begegnung mit Gott mehr. Haben wir so viele Termine, dass wir für Gott leider keinen Termin mehr frei haben? „Lieber Gott, ich könnte dir erst wieder einen Termin nach Weihnachten im neuen Jahr anbieten!“
Gebt Gott in der Adventszeit – gerade da! – einen regelmäßigen Termin!

„Leer werden“ – das ist schwer. Wie mache ich das? Jörg Zink sagt in seinem Buch „Wie wir beten können“: Leer werden, einfach so, das schaffen die meisten von uns Mitteleuropäern nicht. Und er erzählt einen chinesischen Vergleich: Unsere Gedanken sind wie Affen. Die kannst versuchen, sie von deinem Baum herunterzulassen, um ihn leer zu machen, aber wenn du sie auf der einen Seite herunterscheuchst, krabbeln sie auf der anderen Seite schon wieder rauf. Es gibt eine Hilfe: Setz dich hin! Achte kurz auf deine Körperhaltung und deine Atmung und dann lies ein Wort des Glaubens, am besten ein paar Mal halblaut. Schweigen und Stille beginnen am besten, am leichtesten mit dem Hören! „Stille ist das, was übrig bleibt, wenn ein mächtigeres als unser eigenes Wort im Raum war...“ (Jörg Zink).

Soviel dazu, wenn du dich hinsetzt und versuchst, „leerer“ zu werden. Und das andere ist: Überlegt für diesen Advent, wie ihr weniger tun könnt. Nicht noch mehr. Du kannst sagen: „Das ist aber schwer!“ In Ordnung, aber das mit der Schale ist wahr: Wenn du keinen Platz mehr in der Schale hast, geht auch nichts mehr rein. Das Füllen unserer leeren Lebensschale ist Gottes Sache. Wir steuern nur das Hören seines Wortes und ein Gebet, vielleicht die Bitte „komm!“ und unser „Ja“ dazu bei.

Advent – Abenteuer! Eine mystische, sehnsuchtsvolle, innige Zeit. Probier’s aus!
Amen.

Kirche im Gottes-Tsunami

Orte des Glaubens

Lukas 14, 15 – 24

Anmerkung: Diese Predigt war Kasualpredigt zur Silbernen Konfirmation.

Liebe Silbernen Konfirmanden und Konfirmandinnen, liebe Gemeinde!
Das wohl bekannteste Stück des Komponisten Antonio Vivaldi, von dem wir eben Musik gehört haben, sind „Die vier Jahreszeiten“. In vier Konzerten „Frühling“, „Sommer“, „Herbst“ und „Winter“ hat Vivaldi die Jahreszeiten musikalisch nachempfunden. Oft werden die vier Jahreszeiten mit den unterschiedlichen Lebensphasen eines Menschen verglichen. In welcher Lebensphase sind Sie dann gerade? Unsere silbernen Konfirmanden?
Im Sommer, denke ich – noch. Noch, denn mit 39 Jahren verschwendet man vielleicht schon mal einen Gedanken daran: „Das war vielleicht die erste Hälfte meines Lebens. Wie wird die zweite Hälfte wohl sein?“ Gedanken um die Lebensmitte, manchmal einer beginnenden Midlife-Crisis; eine Krise, das heißt wortwörtlich: Entscheidungen stehen an. Das ist kein Grund zur Panik, aber zur Besinnung. Fragen sind da: Was ist jetzt dran in meinem Leben? Sind es andere Dinge, Ziele, als im ersten Lebensabschnitt?
Manche sagen voller Optimismus: „Mit 40 fängt das Leben an!“ Eugen Roth hat mit einem humorvollen Gedicht diese „guten Vierziger“ aufs Korn genommen. Ich will es vor allem unseren silbernen Konfirmanden nicht vorenthalten.

Die guten Vierziger

Das Leben, meint ein holder Wahn,
geht erst mit vierzig Jahren an.

Wir lassen uns auch leicht betören,
von Meinungen, die wir gern hören,

und halten, längst schon vierzigjährig,
meist unsre Kräfte noch für bärig.

Was haben wir, gestehn wir's offen,
von diesem Leben noch zu hoffen?

Ein Weilchen sind wir noch geschäftig
und vorderhand auch steuerkräftig,

doch spüren wir, wie nach und nach
gemächlich kommt das Ungemach,

und wie Hormone und Arterien
schön langsam gehen in die Ferien.
Man nennt uns rüstig, nennt uns wacker
und denkt dabei: „Der alte Knacker!“
Wir stehn auf unsres Lebens Höhn,
doch ist die Aussicht gar nicht schön –
ganz abgesehen, dass auch zum Schluss
wer droben, wieder runter muss.
Wer es genau nimmt, kommt darauf:
Mit vierzig hört das Leben auf.

„Mit 40 hört das Leben auf?“ Nein, das glaube ich auch nicht. So wenig, wie es natürlich wahr ist, dass mit 40 das Leben erst anfängt. Das zum Trost unserer jungen Konfirmanden: So lange braucht ihr nicht aufs Leben zu warten. Trotzdem: Was ist das Besondere der zweiten Lebenshälfte? Stimmt es, was einer der großen Psychoanalytiker, Carl Gustav Jung, aus seiner Praxis heraus gesagt hat: „Der Mensch wird erst in der zweiten Lebenshälfte, so ab 40, religiös“? Da kommen nach den äußeren Fragen die inneren Fragen: Wer bin ich? Wo bin ich wirklich ich? Was gibt meinem Leben Sinn? Wer oder was gibt Halt? Wohin gehe ich? Wie sieht meine Zukunft aus? Was bleibt? Und: Kann Gott mein Leben beeinflussen?

Vielleicht stimmt es, dass diese inneren Fragen im Laufe des Lebens stärker werden. Und wir dürfen sie nicht übertünchen und wegdrücken. Sie sind Chancen! Mit dem Glauben an Gott, an Jesus Christus, an den Heiligen Geist glaube ich: Jedes Lebensalter wie jede Jahreszeit hat seine Schönheit, natürlich auch entsprechende Tücken. Jede Lebensphase ist eine Herausforderung und ist schön.

- „Gott hat alles schön gemacht zu seiner Zeit“, sagt unser Glaube.
- Und ich glaube: In jeder Lebensphase gibt es die große Einladung Gottes an uns, von der wir im Evangelium gehört haben.

Wir kommen zum zweiten Teil der Predigt und wollen etwas in Jesu Gleichnis einsteigen. Ich finde, man soll, auch wenn man kein Pfarrer geworden ist, theologisch nicht dumm bleiben. Der Konfirmandenunterricht sollte nicht die letzte Zeit im Leben sein, in der man sich ausführlich mit Gott und dem Glauben auseinandersetzt. Nun muss ich noch einmal ein Stück Konfirmandenunterricht mit Ihnen machen, und zwar im Umgang mit der Bibel. Wenn Sie, liebe silbernen Konfirmandinnen und Konfirmanden, heute Konfirmanden bei uns wären, wäre unser Ziel, dass Sie selber viel entdecken und für sich herausfinden, was diese Gleichnisgeschichte Ihnen sagen kann. Nun, dafür ist eine Predigt nicht ganz das Richtige. Aber vielleicht kann ich Sie trotzdem mit hineinnehmen.

Es gibt verschiede Möglichkeiten des Umgangs mit der Bibel. Auch in der Wissenschaft gibt es in der Auslegung der Gleichnisse Jesu verschiedene Theorien. Eine sagt: Um zu verstehen, was Jesus mit seiner Geschichte wirklich von Gott sagen will, müssen wir den richtigen Vergleichspunkt finden. Die Botschaft für uns wäre dann: Auch wenn das nicht ganz so einfach ist, wie der Mann, der mit Jesus am Tisch saß, meint, und auch wenn Menschen das Fest Gottes gefährden – **das Fest Gottes findet statt.**

Ich will heute nicht mit dieser Theorie und dieser Aussage weiterpredigen. Es gibt eine andere Form, die Geschichten von Jesus zu verstehen. Uns werden in der Geschichte, die Jesus erzählt, verschiedene Rollen angeboten, in die wir mit unserer Lebensgeschichte schlüpfen und mit denen wir uns identifizieren können.
Drei Rollen möchte ich gern mit Ihnen aufnehmen:
1. Die Eingeladenen, die sich entschuldigen
2. Der Knecht, der für seinen Herrn einlädt
3. Der emotional geladene Gastgeber

Die erste mögliche Rolle:
Die Eingeladenen, die sich entschuldigen
oder Untertitel: Wir können sie ja so gut verstehen!

Wir erinnern uns: Ein Mensch wollte ein großes Festmahl am Abend feiern, hatte viele Menschen eingeladen. Als alles fertig ist, mit Riesenaufwand das Essen zubereitet, die Tische biegen sich, das Haus geschmückt, der Duft des Essens zieht durch alle Räume, wird – wie es damals Brauch ist, man hatte ja keine Uhr – ein zweites Mal eingeladen. Das Fest soll beginnen. Und nun? Die Geladenen entschuldigen sich. Sie können nicht kommen, sagen sie. Es gibt Anderes, Wichtigeres, Unaufschiebbares. Sie haben Gründe. Irgendwie kenne ich das von mir und anderen. Es ist so leicht, sich und andere zu täuschen mit vermeintlich ganz sachlichen, doch einsichtigen Gründen. Oft ist es aber ganz einfach so: Nicht die Sache ist es, die uns hindert, sondern, weil uns die andere Sache oder eine Beziehung einfach nicht wichtig genug ist. Wir tun, was uns wichtig ist.

Ein Mystiker, glaube ich war‘s, hat gesagt: „Wer keine Zeit für Gott hat, glaubt nicht an Gott.“ Dabei kann „Zeit für Gott“ sehr unterschiedlich sein. In der Rolle der zu Gottes Fest Eingeladenen ist es gut, wenn wir merken, wo wir etwas in den Vordergrund schieben, was es eigentlich nicht ist. Ich habe umgekehrt Leute in der Midlife-Crisis erlebt, die sich – nachdem sie sich ein Motorrad gekauft haben, Marathon gelaufen und manche extreme Dinge versucht haben – nach all diesen Versuchen auf eine neue Weise ganz persönlich Gott zugewendet haben. Sie haben angefangen damit, Orte des Glaubens zu suchen. Eingeladen sind wir von Gott; ob wir kommen, darüber entscheidet die Beziehung zu Gott oder unsere ehrliche Suche und Sehnsucht.

Eine zweite Rolle der Geschichte:
Der Knecht, der für seinen Herrn einlädt
oder Untertitel: Macht nicht zu sehr die Sache Gottes zu eurer eigenen!

Viermal muss der arme Kerl los. Bei der allerersten Einladung, dann, um die Geladenen abzuholen. Das dritte Mal kriegt er den Zorn seines Herrn mit und fast mit ab und wird zu den Randsiedlern der Stadt geschickt. Schließlich muss er auch noch auf die Landstraßen und an die Zäune und die fremden, völlig nicht Dazugehörigen „nötigen“, hereinzukommen. Ich sehe bei uns Menschen, denen ist Gott, denen ist Jesus sehr wichtig. Sie laden gern ein. Sie haben ja auch Erfahrungen mit ihrem Herrn. Der einladende Knecht steht seinem Herrn besonders nahe. Gott braucht einladende Menschen, die mit ihm wollen, dass sein Haus voll werde. Und das Haus ist nicht nur die Kirche. Das ist natürlich, dass, wer an Gott glaubt, gerne will, dass andere auch an Gott glauben können: mein Partner, meine Kinder, meine Eltern, Freunde, aber auch Fernstehende. In einem modernen Lied heißt es: „...und wer ihn aufgenommen, wird selber Bote sein“.

Wie geht es uns als dieser einladende Knecht? Wenn wir Absagen bekommen? Wir können mitkriegen, wie Gott nicht aufgibt. Wir werden uns deshalb aller eigenen Bewertung der Menschen enthalten. Ich habe auch im Glauben gelernt, von mir aus keinen zu großen Unterschied mehr zwischen den Menschen zu machen. Gebt nicht zu viel auf soziale Schicht, auf Bildung, Ansehen, Karriere usw., wenn es um den Glauben geht! Das finde ich die große Chance im Konfirmandenunterricht. Da sind alle zusammen. Da wird nicht gewertet. Und das finde ich das Großartige an der Kirche, wer alles hier sitzt in einer lebendigen Gemeinde. Das Haus Gottes beherbergt wirklich, wie das Haus beim Großen Abendmahl, am Schluss eine sehr bunte, vielfältige Gemeinschaft.

Noch eine dritte und letzte Rolle in der Geschichte von Jesus (es gäbe noch viel mehr Rollen):

Der hoch emotionale Gastgeber

oder Untertitel: Wie stellen wir uns Gott vor?

Im Pfingsturlaub habe ich auf der griechischen Insel Samos den Philosophen Epikur gelesen, weil er dort geboren ist. Epikur vertritt die Meinung: Es gibt Götter, aber sie sind leidenschaftslos. Sie leben in unberührbarer Glückseligkeit. Ein Gott braucht niemanden und wirkt auf niemanden ein; will von niemandem etwas. Wie anders der Gott der Bibel! Die Geschichten, die Jesus von Gott erzählt, sind emotionale Geschichten, voller Gefühle.
Gott liebt. Gott will mit Menschen zusammen sein, zu tun haben. Gott lädt ein. Gott empfindet heiligen Zorn gegenüber selbstgerechter und selbstzufriedener Absage. Gott lässt sich von seinem Ziel nicht abbringen. Vielleicht würden wir etwas davon in der Rolle des einladenden Gastgebers miterleben? In Gott können wir uns nicht reinversetzen. In die Rolle des Gastgebers der Geschichte schon.

Ein menschlicher Gott?
Man fragt heute viel nach anderen Gottesvorstellungen, eher unpersönlichen, wie im Buddhismus, wie z. B. Gott als Quelle. Die Mystik, die eine Wiederbelebung erfährt, sucht nach einer Versenkung in Gott, wo es keine Bilder für Gott mehr braucht. Das ist möglich, aber wenn ich auf Jesus schaue, kann ich mir nicht vorstellen, auf Gott als ein persönliches Gegenüber, ein DU, zu verzichten. Spätestens, wenn ich bete, Gott um etwas bitte, brauche ich dieses hörende Gegenüber. Das Ziel ist, ein großes Fest mit uns zu feiern. Das Abendmahl, das wir nachher feiern, ist irdische Gemeinschaft. Aber es ist auch ein Teil vom Himmel. Da sind Himmel und Erde zusammen. Da ist Vergebung und Hoffnung, Gemeinschaft und Heilung, vollkommener Augenblick und vorweg genommene Zukunft als Gäste Gottes. Ein Gott, der unter allen Umständen mit uns feiern will. Wer immer wir sind, geworden sind, was immer wir noch in uns tragen als Zukunft und Möglichkeiten – wir sind eingeladen.
Amen.

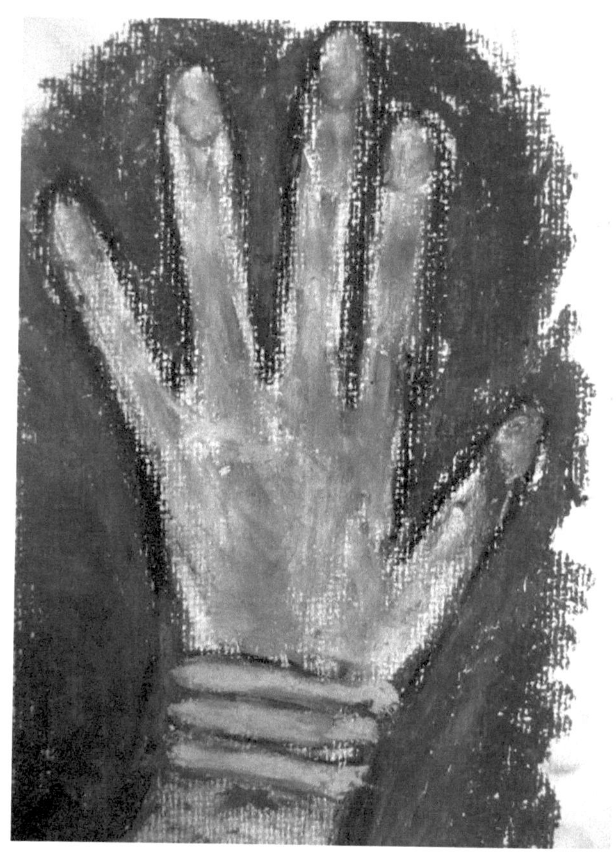

Hand

Versetzen Sie sich in einen Blinden!

Lukas 18, 31-43

Liebe Gemeinde!
Wir wollen uns schrittweise dem Text nähern. Eine Übung, damit einem eine biblische Geschichte lebendig wird, ist: Versetze dich in eine der Personen hinein! Versuche zu empfinden, was diese Person empfindet! Lebe diese Geschichte als diese Person! Heute bietet sich dazu der Blinde an.

Versetzt Euch in einen Blinden!
Wenn Sie wollen, schließen Sie dafür kurze Zeit die Augen.
Du bist blind und sitzt am Weg. Alles ist dunkel; ja nicht einmal „dunkel", weil du ja auch die Dunkelheit und die Farbe nicht kennst. Da ist schlichtweg nichts. Wenn du nicht hören würdest – die Schritte, die vorübergehen; die Laute der Menschen – du würdest denken: Es gibt nichts außer dir.
Erich Kästner hat sich in einem Gedicht in einen blinden Menschen versetzt und sich seine Gedanken und Empfindungen klar gemacht. Das kann einen Zugang schaffen zu unserer Geschichte von Jesus und dem Blinden.
Erich Kästner – Der Blinde aus der „Lyrischen Hausapotheke":

Ohne Hoffnung, ohne Trauer
hält er seinen Kopf gesenkt.
Müde hockt er auf der Mauer,
müde sitzt er da und denkt:
„Wunder werden nicht geschehen,
alles bleibt so wie es war.
Wer nicht sieht, wird nicht gesehen.
Wer nichts sieht, ist unsichtbar.

Schritte kommen, Schritte gehen.
Was das wohl für Menschen sind?
Warum bleibt denn niemand stehen?
Ich bin blind, und ihr seid blind.
Euer Herz schickt keine Grüße
aus der Seele ins Gesicht.
Hörte ich nicht eure Füße,
dächte ich, es gibt euch nicht.

Tretet näher! Lasst euch nieder,
Bis ihr ahnt, was Blindheit ist.
Senkt den Kopf und senkt die Lider,
bis ihr, was euch fremd war, wisst.
Und nun geht! Ihr habt ja Eile!
Tut, als wäre nichts geschehn.
Aber merkt euch diese Zeile:
Wer nichts sieht, wird nicht gesehn.

„Wer nichts sieht, wird nicht gesehn" – das hat mich betroffen. Natürlich sehen wir einen Blinden, der sich mit weißem Stock am Gehsteig entlangtastet. Natürlich sehen wir den blinden Bettler am Weg. Natürlich sehe ich die blinde junge Frau, die mir oft beim Nordic Walking am Holzweg begegnet mit ihrem Blindenhund. Lange ging ich vorüber, ohne zu grüßen. Ich war mir unsicher: „Wie ist das, wenn ich sie sehe und sie sieht mich nicht? Kann ich da Kontakt aufnehmen?" Lange versuchte ich, vorüberzugehen, ohne dass sie es merkte. Als ich mich endlich entschloss, nach einiger Zeit, sie zu grüßen, grüßte sie zurück. Schon über dieses kleine Lebenszeichen von beiden Seiten freute ich mich. Viel besser als so zu tun, als sähe ich sie nicht!

Stumm vorübergehen – für einen Blinden ist das so viel wie „nicht gesehen werden". Alle gehen eilig vorüber. Und obwohl der Blinde im Gedicht Kästners am Anfang doch nichts zu erwarten scheint und denkt: „Wunder werden nicht geschehn", lassen ihn doch die Menschen, die vorübergehen, nicht kalt. „Warum bleibt denn niemand steh'n!" – **Ich bin blind, ja – und ihr seid blind!"**

In diesem wütenden Wort kommt zum Ausdruck, dass es noch eine andere Blindheit gibt als die der Augen. Mit dieser anderen Blindheit sind wir wohl alle oft genug geschlagen:

- blind für Mitmenschen, deren Empfindungen und Lebensschicksale;
- blind gegenüber den Schönheiten der Natur und des Lebens;
- geblendet von einem Leistungsdenken, das denkt, man sei nur etwas wert als Mensch, solange man etwas leistet, und das blind ist für das meiste in unserem Leben, was doch „geschenkt" ist;
- blind auch gegenüber Gott und seinem Weg mit uns;
- blind gegenüber Gottes Weg in unserer Welt, die Jesus ins Leiden führt; und das, obwohl er's uns wie den Jüngern vorhersagt.
- „Warum bleibt denn niemand steh'n? Ich bin blind, und ihr seid blind."

So ist das ja auch in der Geschichte vom Blinden, von den Jüngern und dem Volk und von Jesus. Es ist von einer mehrfachen Blindheit die Rede.
Wenn wir nun ein wenig „ahnen, was Blindheit ist“, dann lasst uns nun ein paar Punkte der biblischen Geschichte ins Licht rücken.

Zweiter Schritt: **Ein paar auffällige Züge der Blindenheilung**

1. Erste Auffälligkeit:
Es sticht ins Auge, wie der Blinde von Jericho mit einem Mal aktiv wird und sich von den anderen in seinem Schreien nicht mehr beschwichtigen lässt. Es ist auffällig, wie ein Mensch sich ändern kann, wie ein Mensch mit einem Male Hoffnung schöpft. Obwohl man doch glaubte, er habe sich mit seinem Leben, mit seinem Blindenbettelleben – wie immer das bei uns aussieht – längst abgefunden. Die Evangelien beschreiben das häufiger: Wo Jesus vorbeikommt, da werden kranke, behinderte Menschen aktiv. Sie ergreifen in ihrer Not die Initiative. Sozusagen ein Aufstand der Kranken geschieht in der Nähe Jesu. Ja, der leidende Mensch muss selber ausbrechen aus der Hoffnungslosigkeit und dem Stumpfsinn seines Leidens. Er muss die Veränderung seiner Situation selber wollen. Sein Leidensdruck, aber mehr noch die hoffnungsvolle Botschaft von Jesus bringen ihn dazu, neu aktiv zu werden. „Er forschte, was das wäre“, heißt es in der biblischen Geschichte. „Forschen“ – das ist sehr aktiv. Unser eigener Aufbruch ist nötig, wenn wir aus jeder Art von Elend herauskommen wollen. Die eigene Initiative ist nötig bei Kranken – das wissen wir: Gesund kann nur werden, wer auch gesund werden will. Aber genau so ist der Aufbruch nötig bei den im Wohlstand Abgestumpften und nötig bei den Menschen in der so genannten Dritten Welt, wenn sie ohne Hoffnung und Selbstbewusstsein dahinleben. Es ist einfach dies, dass wir uns angesichts der Hoffnungen, die Jesus weckt, nicht mehr mit einem stumpfsinnigen Leben und Leiden abfinden.

Ich glaube zwar, dass auch wir in unserem Leben oft ziemlich abgestumpft sind und sagen: „Wunder wird es keine geben.“ Aber ich glaube auch, dass es in der Nähe Jesu, wo wir von ihm hören, wo wir Gott, unsere Hoffnung, feiern, dass es da immer wieder Hoffnungsaufbrüche gibt. Dann werden wir aktiv, auch im Beten: „Kyrie eleison“ – „Herr erbarme dich“. Auffällig, wie ein Mensch wieder aktiv wird, wenn er Jesus begegnet.

2. Eine zweite Auffälligkeit in der Geschichte von Jesus und dem Blinden ist: Jesus bleibt stehen. Er lässt den Blinden zu sich führen. Der Blinde steht vor ihm, und da fragt ihn Jesus: „Was willst du, das ich für dich tun soll?"
„Warum bleibt denn niemand steh'n?" – Jesus bleibt stehen. Er ist nicht blind und taub für die Menschen. Er ist, könnten wir sagen, der einzige Sehende in der Geschichte zu diesem Zeitpunkt. Aber nun die Frage Jesu an den Blinden: „Was willst du, das ich für dich tun soll?"

Viele haben schon festgestellt, was für eine seltsame, im Grunde überflüssige Frage an einen Blinden das sei. Aber die Frage ist nicht so überflüssig! Sie hat einen wichtigen Sinn. Wie oft werden bei uns Behinderte und Kranke nicht gefragt, was man für sie tun soll! Da werden Dinge getan, die ein Behinderter gar nicht will, weil er sie selber tun kann. Wie oft werden Behinderte und Kranke bei uns als Objekte behandelt und nicht als Subjekte, nicht als freie Menschen! Man meint, schon zu wissen, was der Mensch braucht, ohne zu fragen. Aber damit wird der Mensch entmündigt.

„Wer nichts sieht, wird nicht gesehen." Dieser Satz gilt bei Jesus nicht. Für Jesus ist der Blinde nicht „ein armer Kerl", sondern ein Mensch, der voll ernst genommen und gefragt wird. So sollten auch wir mit Behinderten und Kranken umgehen. Das ist die rein menschliche Seite der Nachfrage: „Was willst du, das ich für dich tun soll?" Helfer dürfen Hilfsbedürftige nie entmündigen. Jeder ist und bleibt das Subjekt seines Lebens, der, der über sein eigenes Leben zu entscheiden hat.

Es gibt noch eine andere Seite, warum diese Frage sehr wichtig ist. Die Geschichte dieser Blindenheilung spielt eine große Rolle bei den geistlichen Übungen, die wir heute – wieder sehr modern – „Meditation" nennen. Das Gebet „Jesus, erbarme dich über mich" ist das Herzensgebet der Ostkirche. Dieses so genannte Herzensgebet und die Übungen dazu haben mit zum Überleben der orthodoxen Christen in der atheistischen Sowjetunion beigetragen, weil Menschen es täglich gebetet haben. Mitchristen unter uns aus der ehemaligen Sowjetunion könnten uns einiges erzählen, welche Übungen des Glaubens für sie überlebenswichtig waren. Auch für diese Erfahrungen sollten wir nicht blind sein.

Es gibt aber noch eine andere geistliche Übung mit dieser Blindenheilung außer dem Jesusgebet. „Stell dir vor, du stehst vor Jesus. Und er fragt dich: Was willst du, das ich dir tun soll? Was ist dein innigster und tiefster Wunsch an ihn? Welches Problem deines Lebens würdest du gerne gelöst haben? Welche Fähigkeit – wie das Sehen des Blinden –, würdest du erbitten? Es geht um neue Fähigkeiten und Veränderungen an dir selbst. Ich will Ihnen Zeit geben, jetzt über diese Frage einmal nachzudenken, während ruhige Musik spielt. Stell dir vor, du stehst vor Jesus und er fragt dich: „Was willst du, das ich dir tun soll?"

Stille, Orgelmusik

„Stell dir vor, du stehst vor Jesus." Ich weiß nicht, ob Ihnen jetzt eine Antwort an Jesus eingefallen ist. Wenn nicht, muss man entweder ein beneidenswert glücklicher Mensch sein oder man müsste noch länger über diese Frage nachdenken. Menschen, die ich gefragt habe, haben geantwortet:

- Eine Frau sagte: „Dass ich nicht so gespalten lebe. Dass ich nicht nur meine Unzufriedenheit sehe. Dass ich auch Möglichkeiten sehe, etwas umzugestalten."
- Ein Mann sagte: „Dass ich nicht so fremdbestimmt und angepasst lebe und es allen recht machen will, sondern dass ich erkenne, was im Augenblick für mich und meine Familie oder für andere Menschen richtig ist und den Mut habe, das dann zu tun, auch wenn es nicht allen gefällt."

Liebe Gemeinde, es kann nicht mit uns geschehen, was wir nicht selbst wollen. Jesus sagt zum Blinden und oft in anderen Heilungsgeschichten: „Dein Glaube hat dir geholfen." Das ist ein überraschender Satz. „Dein Glaube hat dir geholfen, nicht ich", sagt er, „dein Glaube" hat dir geholfen. Jesus macht Menschen nicht zum Objekt seiner Hilfe, sondern betont ihre freie Entscheidung, ihre Initiative, ihren Willen, ihre Hoffnung, ihr Subjekt-Sein. „Und sogleich konnte der Blinde sehen, folgte ihm nach und pries Gott."
Glauben heißt sehen können, und Sehen ist hier ein anderes Wort für wirklich glauben. Glauben ist ein anderes Wort für: den Weg Jesu mitgehen und Gott loben. Was der nun sehende Mensch in Jerusalem von seinem Helfer Jesus sehen wird, beschäftigt uns in der Passionszeit. Es ist der unglaubliche, ungeheure, unendlich liebende Weg Gottes in dieser Welt, in der der einmal blind Gewesene sehen wird. Den Schmerz Gottes in dieser Welt wird er zu sehen bekommen. Aber den Schmerz der Liebe, Gott ist sehendes Bleiben bei dieser Welt und uns Menschen. Er wird diesen Schmerz Gottes mit Jesus sehen und aushalten müssen.

„Seht, wir gehen hinauf gen Jerusalem!“ „Seht!“ Wir gehen in eine neue Zeit. Es wird darauf ankommen, was wir sehen von Gottes Schmerz und Gottes Hoffnung und Gottes Weg. Wer die Matthäuspassion von Johann Sebastian Bach kennt, wird diese Aufforderung zu sehen gleich bei der Eröffnung wiedererkennen. Da singen sich zwei Chöre von Menschen einander zu. Der eine fordert den anderen auf: „Seht!“ Der andere Chor fragt zurück: „Wen?“

„Seht… – Wen? – Den Bräutigam.
Seht ihn… – Wie? – Als wie ein Lamm.
Seht… – Was? – Seht die Geduld.
Seht… – Wohin? – Auf unsere Schuld.
Seht ihn aus Liebe und Huld
Holz zum Kreuze selber tragen.“

Es wird darauf ankommen, ob wir als Blinde – blinder als wirklich Blinde! – in diese Zeit gehen oder als Sehende. Wir sind auf dem Weg. An welcher Station Sie, liebe Freunde, liebe Freundinnen Jesu, stehen in der Heilungsgeschichte – ob bei einem noch Blindsein oder beim Aufbruch oder beim von Jesus gefragt werden oder schon beim Glauben, wer anfängt, von Gott wirklich etwas zu sehen, wo Sie im Augenblick sind, entscheiden Sie selbst. Wir sind mit Jesus auf dem Weg.
Amen.

Leben am gelben Fluss

Gott und die Zeit

Lukas 19, 1 – 10

Eine Themapredigt

Liebe Gemeinde, liebe Menschen, die alle Erfahrung mit der Zeit haben, weil Gott ihnen Lebenszeit gegeben hat!
Was ist Zeit?

Ich möchte Ihnen zuerst die biblische Vorstellung von Zeit nahe bringen. Zeit ist eigentlich ein abstrakter Begriff. Ich möchte zunächst zwei Sichtweisen von Zeit versuchen anschaulich zu machen und erlebbar zu machen.

Die erste Sicht von Zeit
(Ein Metronom wird auf dem Altar angestellt und läuft etwa eine halbe Minute lang.)
Und nun das zweite Verständnis von Zeit...
(Zum Altar gehen, in Ruhe aus einer Karaffe ein Glas Wein eingießen und trinken.)

Welches Zeitverständnis ist Ihnen lieber...? Mir das zweite.
Welches entspricht mehr dem, wie Bibel von Zeit redet?

Das erste, könnte man sagen, ist ein Symbol für die exakt messbare Zeit der Wissenschaft. Jede Stunde, jeder Tag und jedes Jahr gleich groß. Es gibt auch kleinere naturwissenschaftliche Abweichungen – ich weiß. Trotzdem. Das Ziel ist diese gleichmäßige, berechenbare und daher instrumentalisierbare Zeit. Damit gehen wir um in Technik und Wissenschaft.
Das zweite, mein genussvolles Weintrinken in aller Ruhe, ist ein Symbol für unser existenzielles Erleben von Zeit. Es gibt einen Tag des Glücks und eine Stunde des Unglücks, Tage der Krankheit oder eines Leidens, Augenblicke höchster Zufriedenheit mit allem, Zeit für Lachen und Zeit zum Weinen, Zeit, deren Inhalt Streit ist und Zeit, die erfüllt ist von Versöhnung und Frieden.

Liebe Gemeinde, im biblischen Verständnis ist Zeit ein Gefäß. Wie diese Karaffe oder das Glas. Die Zeit ist ein Gefäß für einen immer ganz bestimmten Inhalt, für Leben, ein qualifiziertes Stück Leben.
Es gibt daher den „Tag Midians“ oder den Tag „als Gott den Pharao und sein Heer ins Schilfmeer stieß“ (Psalm 136), das heißt einen Tag, der angefüllt war mit Errettung. Es geht bei Gott vor allem nicht um die messbare Zeit der Wissenschaft. Es geht um qualifizierte Zeit, um „erfüllte Zeit“.

Die wissenschaftliche Zeit geht davon aus: Man kennt das Ganze und man kann es einteilen und hat es so im Griff. Die Tage in Stunden, die Stunden in Minuten, die Minuten in Sekunden, die Sekunden in Zehntelsekunden ... das geht weiter. Da werden die Menschen immer besser. Werden wir auch im Blick auf unsere existenzielle, qualifizierte Zeit immer besser? Ein wesentlicher Unterschied ist: Wir kennen nicht das Ganze unseres Lebens, und das Besondere unserer Lebenszeit ist ja auch die Zeit mit Gott. Können Augenblicke unseres Lebens angefüllt sein mit Gott? Und in wie weit haben wir das dann noch im Griff?

Halten wir fest: In der Bibel und in unseren Erfahrungen ist Zeit so etwas wie ein Gefäß, das etwas Wertvolles aufnehmen kann.

Die zweite Überschrift dieser Predigt:
„Das Heute"- die Bedeutung des heutigen Tages für den Glauben.

Liebe Gemeinde, obwohl Gott alle Zeit gehört – Vergangenheit, Gegenwart und alle Zukunft –, und irgendwie unsere Lebenszeit auch uns gehört, ist uns Menschen nur das Heute verfügbar. Die Bibel mahnt uns, es gibt eine Begrenzung, die menschlich ist. Es gibt eine heilsame Begrenzung; es tut uns Menschen nicht gut, statt im Heute zu leben, schon immer im Morgen und Übermorgen sich aufzuhalten. Es sind diese wunderschönen Texte, in denen Jesus sagt: „Sorget nicht" oder wenn es heißt: „All eure Sorgen werft auf ihn, denn er sorgt für Euch." Die Vaterunser-Bitte ist typisch, in der Jesus sagt: „Um das sollt ihr bitten, nicht um mehr!" – „Unser tägliches Brot gib uns heute"; tägliche Bitte „nur für heute".
Papst Johannes XXIII. hat einen schönen Text geschrieben, der auch in unserem Gesangbuch steht, der immer wieder beginnt mit den Worten: „Nur für heute..."

Nur für heute werde ich mich bemühen, den Tag zu erleben,
ohne das Problem meines Lebens auf einmal lösen zu wollen.

Nur für heute werde ich in der Gewissheit glücklich sein,
dass ich für das Glück geschaffen bin,
nicht nur für die andere, sondern auch für diese Welt.

Nur für heute werde ich keine Angst haben.
Ganz besonders werde ich keine Angst haben,
mich an allem zu freuen, was schön ist, und an die Güte glauben.

Es ist wohltuend, wenn wir uns als Menschen begrenzen, selbst in unseren guten Vorsätzen. Überlegt also schon gut: Wie wollen Sie den heutigen Tag, der Ihnen geschenkt ist, leben? Aber begrenzt die Zeit, die Ihr in den Blick nehmt. „Carpe diem" – ergreife den Tag – das wusste schon ein alter Römer, Horaz. Im christlichen Glauben ist das freilich noch ein bisschen anders. Wir rechnen ja mit Gott. Da will ich jetzt ein griechisches Wort des Neuen Testamentes beibringen. Es heißt „kairos".

Kairos ist der von Gott geschenkte Augenblick. Nicht jede Zeit ist eben gleich, nicht jeder Tag, nicht jede Stunde. Für manche Dinge gibt es einen „kairos“, den von Gott geschenkten Augenblick. Es gibt einen „kairos“, wo jemand Gott begegnet, es gibt einen „kairos“, wo verfeindete Menschen sich versöhnen können. Es gibt einen „kairos“ in der Ehe und Liebe, und einen „kairos“ für Eltern und Kinder. Es hilft, wenn wir unseren Blick auf den heutigen Tag richten und begrenzen, dass wir auch den von Gott geschenkten Augenblick erkennen und wahrnehmen. Wir können uns das auch in der Evangeliumslesung von Jesus und Zachäus deutlich machen. Zweimal hieß es da aus dem Mund von Jesus betont: „Heute!“

Das erste Heute in der Geschichte: Zachäus hatte eine Erwartung an diesen Tag, sie war zugegebenermaßen noch unbestimmt. „Er wollte Jesus sehen, wer er sei.“ Da begegnete ihm, und dafür konnte er nichts, das erste „Heute“. Eine unbestimmte Erwartung hatte er, dass Jesus ihn sieht, dafür kann er nichts. Das ist Gottes Sache. „Ich muss heute in deinem Haus einkehren!“ Ein geschenkter Augenblick von Gott. Was nur interessant ist, ist: Ein Mensch wie Zachäus empfindet bei diesem Augenblick, den er oder sie wahrnimmt und ergreift, Freude. „Er nahm ihn auf mit Freuden.“ Wenn Sie wissen wollen, liebe Mitmenschen, ob etwas ein „kairos“ ist für Sie, etwas zu tun – ich bin überzeugt, es wird immer ein Gefühl von Freude dabei sein, ein Glück.

Das zweite Heute in der Jesus-Zachäus-Geschichte ist, als Jesus sagt: „Heute ist diesem Haus Heil widerfahren.“ Walter Jens übersetzt „Segen“ mit Blick auf die Zugehörigkeit zu den Nachkommen Abrahams. Zachäus ergriff den kairos zu einer Lebensänderung, zu einem Verhalten, das von neuer Gerechtigkeit bestimmt wird. Auch das ist kein erzwungenes, missvergnügtes Opfer. Und Jesus sagt nicht:
„Tu das, das musst du jetzt unbedingt tun!“ Er gibt diesem heutigen Tag noch einmal die Bestätigung: „Heute hast du Gott mit seinem ganzen Segen und Heil erfahren.“

Wir hatten bisher uns deutlich gemacht: Was ist Zeit? Zeit in der Bibel.
Wir haben gehört, das „Heute“ spielt in unserem Glauben eine besondere Rolle.

Ein dritter und letzter Gedanke für heute zum Thema: „Gott und die Zeit“. Ich möchte noch etwas sagen zu „Gott und schweren Zeiten“.

Schwere Zeiten bestehen, oder anders ausgedrückt: versuchen, etwas vor Augen zu haben, was Ihnen sagt: „Gott ist da!“

Wir haben ein Lied gesungen: „Meine Zeit steht in Gottes Händen“. Ein Vers aus Psalm 31. Wörtlich steht da im Hebräischen: Meine Zeiten – Mehrzahl: meine unterschiedlichen Zeiten – stehen in Gottes Händen. Martin Buber übersetzt: „In deinen Händen sind meine Fristen“. Das überrascht uns jetzt nicht mehr, wenn Zeit immer ein Gefäß für verschiedene Erlebnisse ist.

Der Spruch „Meine Zeit steht in Gottes Händen“ steht oft auf Kirchtürmen. Zusammen mit einer Sonnenuhr ist er dort aufgemalt, einer Sonnenuhr nebenbei, die neben hellen Stunden, die sie angibt, auch unsichtbare, dunkle Stunden hat, anders als eine gleichbleibende, elektrische Uhr. Da steht also da, wo man die Zeit abgelesen hat, ein Hinweis auf Gott. Gott ist da in deiner Zeit, jetzt gerade, ob du glücklich bist oder unglücklich. Etwas Sichtbares haben, worauf unser Blick immer wieder fällt, könnte uns so etwas in schweren Zeiten helfen?

Ein anderes Beispiel: Als Teresa von Avila, eine sehr bekannte christliche Ordensfrau im Mittelalter, starb, fand man in ihrem Brevier, dem täglichen Gebet- und Lesebuch der Nonnen, einen Zettel mit einem kleinen, dreimal dreizeiligen Gedicht. Das Gedicht endet mit den Worten: „Solo Dios basta“ – nur Gott „basta“ heißt: ist genug. Man hat dieses bekannt gewordene Gedicht für eine Dichtung Teresas gehalten, zumal es in ihrer Handschrift geschrieben war. Die Verse stammen aber mit hoher Wahrscheinlichkeit von Johannes vom Kreuz, dem Beichtvater und geistlichen Lehrer des Klosters von Avila. Er hatte den Brauch, den Schwestern und Brüdern im Kloster einen kleinen Zettel zu geben, worauf er geistliche Gedanken zur Meditation für sie notiert hatte. Teresa schrieb sich wohl diese Verse ab und bewahrte sie so auf, dass täglich ihr Blick darauf fallen konnte. Teresa hat sich damit Mut gemacht, hat sich in Erinnerung gerufen, woher man die Kraft bekommt in unglücklichen Zeiten. Denn sie wusste: Gerade, wenn man es braucht, vergisst man es: dass Gott da ist, dass er den Weg weiß und neue Zeiten kennt, dass er Atem gibt, wenn mir der Atem ausgeht, dass die Welt und mein Leben, selbst wenn sie aus den Angeln gerieten, nicht aus seinen Händen fallen können.

Das Gedicht auf dem Zettel zum Bestehen unglücklicher Zeiten lautet:
„Nada te turbe ...“

Nichts soll dich verstören,
Nichts dich erschrecken,
Alles vergeht.

Gott ändert sich nicht.
Geduld
erlangt alles;

wer Gott hat,
dem fehlt nichts:
Gott nur genügt.

„Gott nur genügt." – „Solo Dios basta!" Gott ist da.
Man muss sie vor Augen haben, solche Sätze, als Erinnerung für die Zeit, wo man glaubt, allein zu sein. Wir fallen mit keiner Zeit aus Gottes Händen. Wir fallen nicht aus Gottes Zeit und Ewigkeit.
Zeit ist ein großes Wunder und Geheimnis Gottes. Es wird für uns immer nur Schritte geben, es zu erfahren – im Heute.
Amen.

Lichte Stadt

Nur im Licht kann man sehen

Johannes 9, 1 – 7

Liebe Gemeinde!
Zwei Menschen begegnen sich ganz kurz auf der Straße: „Wie geht's? Alles gesund?" ... „Ja. Ja, das ist die Hauptsache!"

Sie kennen solche Gespräche, oder? Gesundheit stellt heute einen fast absoluten Wert dar. Es ist wahr: Was Gesundheit bedeutet, merkt man erst, wenn man krank ist. Ein hohes Gut! Und trotzdem, denke ich, müssen wir aufpassen, dass wir nicht auch als Christen einer allgemeinen, oberflächlichen Gesundheits-Trunkenheit verfallen. Jesus ist in gewissem Sinne Arzt –

das stimmt. Aber er ist nicht einfach der Reparierer von Behinderungen und medizinischen Defekten. Denn so könnte man ja unseren Bibelabschnitt auch nehmen: Am Ende kann der Blindgeborene sehen. Total gesund, geheilt, also: Happy End.

Der Schwerpunkt rückte dann auf den armen Behinderten, der auf einen Wunderheiler-Jesus abzielt: Auf den Menschen, der erst dann glücklich ist, wenn er keinerlei Behinderung mehr zu tragen hat. Aber das ist es nicht, was der Evangelist uns als Botschaft bringt. Wenn die Botschaft so lauten würde: Hauptsache gesund, dann wäre es ja wohl zynisch und in höchstem Maße unsensibel gegenüber allen bleibend Behinderten, gegenüber Menschen, die krank und gebrechlich bleiben. Jesus ist nicht der große Reparateur. Und wir dürfen Menschen nicht einfach auffordern, auf ein Wunder von Jesus zu hoffen, bzw. auf Menschen, die heute solche Wunder vollbringen könnten. Wie wenig das die Botschaft des Bibeltextes ist, werden Sie merken, wenn ich erzähle, wie der Text in Johannes 9 weitergeht.

Jesus ist ein Arzt. Ja, aber für uns alle! Wie geht's weiter, nachdem der Mensch wieder sehen kann? Was folgt, sind erst richtig große Probleme für den Blindgeborenen und für seine Eltern. Wegen dieser Heilung kriegt er Probleme. Er und seine Eltern müssen sich einer harten und eindringlichen Befragung durch die Pharisäer unterziehen. Die Pharisäer wollen wissen, wieso er plötzlich sehen kann. Die Auseinandersetzung spitzt sich immer mehr zu auf die Frage: „Wer ist der, der dich geheilt hat? Wie hat er es gemacht? Was glaubst du von ihm?“ Alles spitzt sich auf die Person von Jesus zu und auf die Stellung, die zu ihr bezogen wird. Als der Blindgeborene schließlich sagte: „Ich glaube, dass er von Gott ist“, da trifft ihn die Antwort: „Du bist ganz in Sünden geboren und belehrst uns?“ Und der Geheilte wird prompt aus der religiösen Gemeinschaft ausgestoßen. Exkommuniziert. So, wie es übrigens der Gemeinde des Johannes-Evangeliums wegen ihres Glaubens an Jesus ergangen ist: Ausgeschlossen aus der jüdischen Synagoge – damals.

Er kann jetzt sehen, wo er bleibt. Diesen Exkommunizierten wiederum sucht Jesus in unserer Geschichte und als er ihn findet, geht es noch einmal um die Stellungnahme zu Jesus. Und da bekennt der Blindgeborene: „Herr, ich glaube an dich als den Gesandten Gottes.“

Ich lese die letzten drei Verse des Kapitels:

Und Jesus sprach: „Ich bin zum Gericht in dieser Welt gekommen, damit die, die nicht sehen, sehend werden, und die, die sehen, blind werden". Das hörten einige der Pharisäer, die bei ihm waren, und fragten ihn: „Sind wir denn auch blind?" Jesus sprach zu ihnen: „Wärt ihr blind, so hättet ihr keine Sünde; weil ihr aber sagt: ‚Wir sind sehend', bleibt eure Sünde" (Johannes 9, 39 – 41).

Liebe Gemeinde, Wunder sind in der Bibel Zeichen. Zeichen von Gottes Wirksamkeit. Zeichen, mehr nicht. Sie werden nie als Beweis für den Glauben verwendet. Jesus stellt sich nie als spektakulärer Wundertäter dar, dem an Sensationen liegt. Es gab zu seiner Zeit viele Wundertäter. Die Zeichen begleiten seine Predigt von der Liebe Gottes und von Gottes Herrschaft. Gerade im Johannes-Evangelium stehen die Wunder nicht im Vordergrund. Sie sind darum immer nur zeichenhaft, geschehen an einigen. Es werden nicht alle geheilt. Weil gerade im Johannes-Evangelium diesen Wundern, die der Evangelist nur „Zeichen" nennt, regelmäßig lange Auseinandersetzungen folgen, in denen es um Jesus selber, um seine Person, geht – lehrhafte Streitgespräche –, darum will ich heute eine Lehrpredigt halten. Die Predigt soll zu nichts aufrufen. Sie soll nur einige Fragen unseres christlichen Glaubens zu klären versuchen.

Erste Frage, ganz schlicht gestellt:
Gibt es solche Wunderheilungen?

„Gibt es?" – das ist eine Frage von heute. „Gibt es Gott?" – auch das ist eine Frage von heute. Jemand hat kritisch auf diese Frage geantwortet: „Einen Gott, den es gibt, den gibt es nicht!" Das heißt: Du stellst deine Frage „gibt es?" viel zu wissenschaftlich, viel zu distanziert! Über Gott lässt sich aber nicht so nachdenken und reden, als ginge es dich nichts an, als würdest du nur irgendein Ding erforschen. Gott betrifft dich. Gott wühlt dich vielleicht auf. Gott ärgert dich. Gott tröstet dich. In all diesen Sätzen steckt tiefe Betroffenheit und keine Distanz. Wie ist es mit der Frage: Gibt es Wunderheilungen? Meine Antwort: Ich habe noch keine solche spektakuläre Wunderheilung erlebt. Aber ich bin bereit, anzunehmen, ja, es gibt unerklärliche Dinge, die für heutige Ärzte mit ihrer wissenschaftlichen Ausbildung auch unerklärlich sind. Wo auch sie sagen, mit all ihrem Verstand: Diese Heilung ist ein Wunder. Nur – dass es eine „Sache" gibt, das sagt noch relativ wenig darüber aus, ob sie mir passiert, und was für eine Wahrheit und Bedeutung sie hat. Es gab zur Zeit Jesu jede Menge Wunderheiler. Und diese Art, mit Speichel zu heilen, erscheint uns vielleicht heute seltsam, vielleicht sogar eklig, war aber zur damaligen Zeit ganz und gar nicht selten. Speichel schrieb man medizinische Heilkraft zu. Die Tatsache, dass es etwas gibt, was beweist das? Im Jakobusbrief heißt es kritisch: „Du glaubst, dass es einen Gott gibt? Du hast Recht. Die Teufel glauben‘s auch." (Jakobus 2, 19)

Ich könnte auch von Erfahrungen erzählen:

- wo ein Mensch wunderbar geheilt wurde, der in Lebensgefahr schwebte und wieder gesund wurde;
- ich könnte erzählen von der wunderbaren Macht, die Gott unseren Gebeten gibt, wo man mit Gott ringt um das Leben eines Menschen, und dieser Mensch tatsächlich nicht gestorben ist.

Das alles habe ich auch schon erlebt. Aber ich fürchte, davon zu reden, kann leicht missverstanden werden. Ich denke, es ist eine unbiblische und fragwürdige Sache, wenn immer noch manchmal bei Massenevangelisationen geheilte Menschen spektakulär als Beweis nach vorne kommen sollen. Es ist eher abstoßend, beweist gar nichts und setzt alle Nichtgeheilten, die es ja auch in großer Menge gibt, nur unter religiösen Druck. Als seien sie doch wieder selber schuld. Also, ob es so etwas gibt, dass ein Blindgeborener sehen kann, können wir Christen getrost ein bisschen gelassener sehen. Die Christen werden sehr auf den Zusammenhang achten, in dem so etwas geschieht und welche Bedeutung dem gegeben wird.

Zweite Frage:
Wie ist das mit Schuld und Krankheit?

Heute sagt man doch auch oft wieder, der Mensch sei an seiner Krankheit selber schuld.
Die Frage der Ursache von Leid, die Frage „wer ist schuld?" beschäftigt Menschen schon immer. Die Jünger fragten ihren Rabbi Jesus: „Meister, wer hat gesündigt, dieser oder seine Eltern, dass er blind geboren ist?" Die Schuld für Unglück, Leid, Krankheit, Behinderung beim Unglücklichen zu suchen oder bei nahe stehenden Menschen, ist auch den Jüngern nicht fremd. In gewisser Weise begegnet uns das auch heute, wenn für fast jede körperliche Krankheit eine seelische Ursache gesucht wird. Zum Beispiel: Natürlich sind Körper und Seele eine Einheit. Das meint die Bibel auch, und natürlich können seelische Dinge krank machen, ebenso wie falsche Ernährung oder eine vergiftete

Umwelt. Aber heißt das: Jeder ist an seiner Krankheit selber schuld? Weil er, sie, oder vielleicht auch schon seine Eltern vor seiner Geburt – es gibt ja auch genetische Schäden – nicht richtig gelebt haben?

Lasst uns wirklich körperlich wie seelisch so gesund wie möglich leben! Aber lasst uns nicht einer gnadenlosen Schuld- und Ursachen-Ideologie verfallen! Jesus sagt: „Nein, weder er noch seine Eltern haben gesündigt ... Euer Reflex, immer nach Schuldigen zu suchen, ist falsch!"

Kennen wir nicht diesen Reflex, dieses sofortige Einsetzen der Suche nach irgendwelchen Schuldigen? O ja, wir kennen das: Schuldige zu brauchen, als würde sich dadurch etwas ändern, wenn wir einen „Schuldigen" haben. Wir denken dann: Es wäre im Leben so einfach, wenn es immer einen eindeutig zu benennenden Schuldigen gäbe. Die kleinen und großen Probleme ließen sich viel schneller lösen, wenn die Schuldfrage sich zweifelsfrei beantworten ließe. So denke ich manchmal, wenn ich wieder einmal zwischen streitenden Kindern zu vermitteln habe, wenn etwas kaputt gegangen ist und ich mich darüber ärgere, wenn etwas, was funktionieren sollte, nicht funktioniert. So denke ich, wenn ich mich selber in einem Dilemma befinde. Wie schön wäre es da, wenn ich jemand die Schuld zusprechen könnte. Dann könnte ich mich beruhigt zurücklehnen und anderen die Verantwortung für das Geschehene und die Konsequenzen übertragen.

Nur – Jesus sagt uns: „So funktioniert's nicht! So bekommt ihr kein Licht rein in die Sache, nur neue Finsternis. Ihr braucht aber wirkliches Licht, um richtig zu sehen und anders weitermachen zu können. Passt auf! Es gibt ein Licht Gottes, das Licht auch in diese Finsternis bringt." Und mit diesem Licht meint Jesus sich selber. Dazu kommen wir noch.

Halten wir zunächst fest: Die ewige Schuldfrage ist nicht befreiend und ist nicht unsere Sache. Und selbst, wenn wir an einigen Punkten Schuld als Ursache für Leid benennen können, was Mitschuld war, warum ein Mensch Kehlkopfkrebs hat, oder als conterganbehindertes Kind zur Welt kam, oder auch, warum jemand von Kindheit an „sozial behindert" war und auf die schiefe Bahn geraten ist – was hilft die Schuldfrage diesem Menschen zum Leben in seiner Situation? Die Schuldfrage bringt nicht das lebensnotwendige Licht für sie in ihre Welt. So viel zum nur begrenzten Recht, dass wir Christen als Nachfolger Jesu der Erforschung von Schuld und Ursache geben.

Also mit dem Wunderglauben ist's nicht so einfach, mit der Schuldfrage eben auch nicht.

Letzter Teil der lehrhaften Predigt ohne alle Appelle und Aufforderungen: **Jesus ist das Licht der Welt.**

Das ist das eigentliche Thema des Sonntags. Was bedeutet dieses Licht für uns? Es geht, wie gesagt, bei der Blindenheilung um ein Zeichen. Licht und Sehenkönnen, das ist ja wesensverwandt. Nur im Licht kann jemand sehen. Im Licht der Liebe Gottes, die in Jesus da ist, kann jemand Gott völlig vertrauen. Konsequenz dieses bedingungslosen Vertrauens ist: Unser Leben hat eben nicht erst dann einen Sinn, wenn wir unsere Behinderung oder Krankheit, Schmerz und Leid los sind. Umgekehrt, es hat auch nicht nur so lange Sinn, wie wir uns „nicht behindert" nennen dürfen. Es hat dann seinen Sinn, wenn wir in Kontakt mit Jesus sind und in seinem Licht vertrauend leben dürfen.

Blind geboren sind wir in diesem Sinne alle, bis wir wirklich Jesus begegnen und uns im Licht sehen. Insofern mag es Heilungen geben als Zeichen, dass Gott Herr ist. Oder Behinderungen, Leiden, Krankheiten, Sterben mögen bleiben. Sie sind dann trotzdem, wie Sören Kierkegaard in Anlehnung an das Johannesevangelium sagt: keine „Krankheit zum Tode". Auch ein behinderter, kranker, sterbender Mensch steht unter Gottes Willen zum Leben.

Das ist das Erste, was dieses Licht Jesus bedeutet: **Glauben können, Gott in Jesus ganz und gar vertrauen können.**

Das Zweite ist kritischer: **Im Licht kann man unterscheiden**.

So bringt Jesus im Johannesevangelium immer auch eine Entscheidung, Unterscheidung und Scheidung, eine Krise, ein Gericht. Sein Licht bringt die ans Licht, die auch sonst auf der Schattenseite des Lebens waren, die auch selber blind waren und sich wund gestoßen haben im Leben. Sie dürfen sehen und werden neu gesehen, haben wieder Ansehen, und sein Licht bringt die ans Licht, die sich immer selbst gern ins rechte Licht gesetzt haben und setzen. Jesus beleuchtet kritisch die in ihr eigenes Licht Verliebten und Selbstgerechten, die sich selbst nur beleuchten und in den Vordergrund stellen.

Aber in seinem Licht wirken sie plötzlich gar nicht mehr anziehend. In seinem Licht durchschauen wir vieles, was sonst in der Welt blenden will. Wir sehen vieles in der Welt neu:

- So sehen wir unsere Kinder neu, jenseits der Noten, die sie nach Hause bringen.
- Wir sehen Krankheit und Gebrechlichkeit neu, als Aufgabe, der wir einen Sinn nicht von vornherein absprechen können.
- Wir sehen Schuld und ihre Überwindung durch Versöhnung und den Mut zum Neuanfang. Und hoffen heute auf einen neuen Friedensprozess in Palästina / Israel.
- Wir sehen Menschen in Not, wie in den hochwassergeschädigten Menschen in unserer unmittelbaren Nähe und können hören auf die Fragen, die sie umtreiben.
- Wir werden frei, wegzuschauen nur von uns selbst.

Jesus, das Licht der Welt, hat eine kritische Funktion. Und auch in diesem Sinne ist er ein Arzt. Ein Arzt muss auch manchmal schneiden, um zu heilen. Jesus ist ein Arzt für uns alle.

Und das Dritte zum Licht der Welt ist, was uns das heutige Evangelium gesagt hat: **In seinem Licht sind auch wir Licht für andere.**

Jesus sagt: Ihr seid das Licht der Welt.
Er sagt nicht: Ihr sollt es sein oder: Ihr werdet es vielleicht sein. Sondern: Ihr seid das Licht der Welt. Die Überzeugung: Wir werden für andere etwas bedeuten. Wir werden andere sehend machen. Wir werden anderen Ermutigung zum Glauben geben, zur Hoffnung und zur Liebe. Wir werden gesandt sein wie er, der Gesandte, werden Botschafter Gottes sein wie er. Wir werden es sein, aber nur in seinem Licht.
Amen.

Jesus und die Kinder

Abschied nehmen und Festhalten

Johannes 14, 27 – 31

Eine Themapredigt

Liebe Gemeinde!
Unser Leben ist durchzogen von Abschieden, kleinen und großen. Vielleicht merken wir das oft gar nicht. Vielleicht wird es uns nur manchmal schmerzhaft bewusst – so, dass es einem weh tut innerlich und dass man zugleich merkt, man steht vor einem Neubeginn. Dieses immer wieder neue, große Abschiednehmen gehört zu unserem menschlichen Leben dazu. Es sind die Stufen des Lebens, wie der Schriftsteller Hermann Hesse es nennt.

Stufen *von Hermann Hesse*

Wie jede Blüte welkt und jede Jugend
Dem Alter weicht, blüht jede Lebensstufe,
Blüht jede Weisheit auch und jede Tugend
Zu ihrer Zeit und darf nicht ewig dauern.
Es muss das Herz bei jedem Lebensrufe
Bereit zum Abschied sein und Neubeginne,
Um sich in Tapferkeit und ohne Trauern
In andre, neue Bindungen zu geben.
Und jedem Anfang wohnt ein Zauber inne,
Der uns beschützt und der uns hilft, zu leben.

Wir wollen heiter Raum um Raum durchschreiten,
An keinem wie an einer Heimat hängen,
Der Weltgeist will nicht fesseln uns und engen,
Er will uns Stuf' um Stufe heben, weiten.
Kaum sind wir heimisch einem Lebenskreise,
Und traulich eingewohnt, so droht Erschlaffen,
Nur, wer bereit zum Aufbruch ist, und Reise,
Mag lähmender Gewöhnung sich entraffen.

Es wird vielleicht auch noch die Todesstunde
Uns neuen Räumen jung entgegensenden;
Des Lebens Ruf an uns wird niemals enden.
Wohlan denn, Herz, nimm Abschied und gesunde!

„Wohlan denn, Herz, nimm Abschied und gesunde!“ Sind Abschiede lebensnotwendig, um weiterzukommen, zu wachsen, gar um zu „gesunden“? Machen wir uns als erstes einmal bewusst, wie viele große und kleine Abschiede unser Leben durchziehen!

- Da ist die normale Entwicklung von uns Menschen: Irgendwann heißt es Abschied nehmen von der Kindheit und irgendwann auch von der Jugend.
- Die Verabschiedung in den Ruhestand ist sicher wieder ein anderer Abschied als die Abiturfeier oder eine andere Schulentlassungsfeier, wobei beides Übergänge sind.
- Es gibt Wohnungswechsel und Abschied von Orten und Menschen, mit denen man verbunden war.
- Jemand muss Abschied nehmen von gesundheitlichen Möglichkeiten; er / sie wird manches nicht mehr können, heißt es plötzlich.
- Auch von den eigenen Vorstellungen des Lebens und den Bildern von sich selbst kann man sich trennen müssen.
- Es gibt schmerzliche Trennungen; abrupt, eine Ehe zerbricht; man verlässt oder wird verlassen; Entlassung, Kündigung im Beruf.
- Einer der deutlichsten Abschiede ist immer, wenn ein Mensch stirbt, den man liebte und der zu einem gehörte.
- Daneben gibt es wieder die ganz kleinen Abschiedssituationen: Ein Schuljahr geht zu Ende und auch das ist zwiespältig; so sehr sich die Schüler über die Ferien freuen, ein kleines Abschiedsloch ist der letzte Schultag doch!

Oder das Verreisen: Gehen wir nicht da auch auseinander und spüren ein bisschen etwas vom kleinen Stich im Herzen, der Ungewissheit, wie es im Lied heißt: „Nehmt Abschied, Brüder, ungewiss ist alle Wiederkehr…“ Wir hoffen, uns wiederzusehen, wir rechnen damit, klar. Aber mit einem gewissen Abschiedsschmerz müssen wir umgehen.

Das schottische Lied gibt als Trost: „Der Himmel wölbt sich übers Land, ade, auf Wiedersehn. Wir ruhen all in Gottes Hand, lebt wohl, auf Wiedersehn!“ Es ist der gleiche Himmel, unter dem wir bleiben. Es ist der gleiche Gott, in dessen Hand wir sind, wo auch immer.

Abschied nehmen und festhalten – festhalten wollen und nicht mehr festhalten können. Festgehalten werden – das alles ist ein religiöses Thema.
Liebe Gemeinde, es gibt so viele Abschiedssituationen. Ich möchte mit Ihnen drei herausgreifen, näher anschauen und sehen, was es davon für uns zu

lernen gibt, um zu „gesunden“. Wohlan denn, Herz, nimm Abschied und gesunde!

Erste Situation: **Kinder loslassen und freigeben.**

Die Tochter/der Sohn, vielleicht 15 Jahre alt, allein mit einer Jugendreise nach Spanien, das erste Mal nicht mehr mit den Eltern im Urlaub. Und plötzlich krampft sich einem als Eltern das Herz schon ein bisschen zusammen, wenn die Kinder ihre Wege gehen, wenn sie allein mit Altersgenossen dann mit 18 an die Côte d’Azur nach Südfrankreich fahren in einem kleinen Zelt, auf nicht befestigten Straßen, mit geringer Erfahrung. Aber das ist ja nur ein Beispiel. Man möchte festhalten. Man ringt: „Wie viel soll ich erlauben?“ Sind sie nicht noch zu jung? Kennen sie Gefahren denn alle, und sind sie ihnen gewachsen? Jugendliche in diese Situation loslassen – da muss man mit Ängsten fertig werden. Wenn ich nachdenke, was es ist: Es sind typische Verlustängste. Ich habe Angst, Einfluss auf meine Tochter oder meinen Sohn zu verlieren. Angst, dass andere vielleicht mehr das Kind bestimmen als ich, als wir. Angst, dieses Leben, für das man so lange gesorgt hat, nicht mehr behüten zu können. Diese Verlustängste, spielen sie nicht immer beim Abschiednehmen eine Rolle? Wir können wir diesen Ängsten begegnen? Denn dass wir irgendwann loslassen und freigeben müssen, ist ja keine Frage.

„Eure Kinder sind nicht eure Kinder“, so heißt es bei jeder Taufe sinngemäß. Eine Hilfe, bei all diesen Ängsten einen Menschen zu verlieren, ist das, was wir vorhin schon im schottischen Abschiedslied gesehen haben: Wenn wir einander nicht mehr festhalten können, so kann es doch noch ein anderer. Wir sind in Gottes Hand, auch als räumlich getrennte Menschen. Ein Stück Angst mag immer da sein, weil sie ja auch zum Leben gehört. Aber als glaubender Mensch darf es da immer ein großes Stück Gelassenheit und Zuversicht geben. Eine Situation mit Kindern, nicht nur Abschied nehmen zu üben, sondern auch Vertrauen.

Zweite Situation: **Älter werden und sterben.**

Ich muss mich nun nicht nur mit dem Loslassen meiner jugendlichen Kinder auseinandersetzen, auch der Gedanke an meine immer älter werdenden Eltern und das eigene Älterwerden setzt mich dem Gedanken an einen Abschied aus. Sterben, dass dieses Leben nicht ewig dauert, ist ja wohl der deutlichste Abschied, der grundsätzlichste, tiefste und schmerzhafteste. Hermann Hesse sagt uns im Gedicht, es geht bei jedem Abschied auch um einen Neubeginn. „Es wird vielleicht auch noch die Todesstunde uns neuen Räumen jung entgegensenden..." Aber Hesse sagt hier „vielleicht". Können wir nicht mehr sagen und hoffen?

Es geht um Einsicht ins Sterben und ums Festhalten des Glaubens am Leben, am ewigen Leben, wie wir es nennen. Einsicht ins Sterben: Das tatsächliche Sterben zeigt uns, dass jedes Abschiednehmen ein Stück Sterben ist. „Wenn ich mich festgelebt habe, muss ich mich lossterben." So Erich Fried in einem Gedicht. Aber nach diesem Stück Sterben wartet immer neues Leben. Das haben viele von uns schon innerhalb dieses Lebens erfahren. Aber weil wir an den Gott des Lebens glauben, glauben wir, dass das auch nach dem letzten Tod gilt. Nach dem Tod unserer Angehörigen und nach unserem eigenen Tod. So ein Abschiednehmen mit Blick aufs Leben! Mit Blick aufs Leben: Das heißt, weise Menschen gehen so bewusst dem unvermeidlichen Sterben entgegen. Zum Sterben sagt man mit einer sehr positiven Redewendung auch „das Zeitliche segnen". Dann ist Sterben ein dankbarer Blick auf alles Gute im Leben, das Gott schenkt, gerade, weil es nicht selbstverständlich und weil es begrenzt ist. Und dann ist Sterben ein hoffnungsvoller Blick, dass dieses zeitliche Leben hinübergeht in ein ewiges Leben, das ebenso gepriesen wird, werden will. Abschied nehmen – sterben und dabei zugleich aufs Leben blicken, das Gott schenkt.

Dritte Situation: **Schmerzliche Trennungen**

Vielleicht gibt es doch auch Trennungen, die nicht sein müssten. Abschied nehmen nach einer Katastrophe. Ich will zuerst einmal hier ein biblisches Bild vor Augen stellen. Es ist eigentlich eine ganz kleine Geschichte in der Bibel und doch sehr bekannt: Es ist die Geschichte von Lots Weib, die beim Abschiednehmen sich umblickte, was sie nicht hätte tun sollen, und dabei zur Salzsäule erstarrte (1. Mose, 19). Da werden Lot und seine Frau und seine Familie durch Gottes Engel aus der Stadt Sodom herausgeführt, die dem Untergang geweiht ist, und einer der Engel sagt: „Rette dein Leben und sieh nicht hinter dich, bleibe auch nicht stehen in der ganzen Gegend!" Und Lot und die anderen gehen, gehen einfach immer weiter, schauen nur vorwärts, kein Blick, nicht der geringste auf das hinter ihnen. Nur die Frau von Lot konnte es einfach nicht: Sie sah hinter sich auf die Katastrophe, die sich dort ereignete, sah hinter sich auf ihre bisherige Stadt, wo sich doch ihr ganzes Leben bisher abgespielt hatte. Sie sah hinter sich – bestimmt nicht aus Neugier, eher, weil ihr dieser Abschied zu schwer war. Sie sah hinter sich und erstarrte zur Salzsäule. Ihr Leben gefror ein. Auch eine Abschiedsgeschichte: Menschen, die ihre Heimat verlassen mussten, haben von solchen Erfahrungen erzählt, da sie wussten, wir dürfen uns nicht umschauen. Wir müssen vorwärts gehen, weitergehen. Und andere, denen das nicht gelungen ist, haben berichtet, wie sie zumindest etliche Zeit zur Salzsäule wurden, innerlich erstarrten, von schrecklichen Bildern des Zusammenbruchs nicht mehr loskamen und von ihnen verfolgt wurden.

Auch solche Abschiede kann es im Leben geben, wo uns vom Engel Gottes gesagt wird: „Rette dein Leben und sieh nicht hinter dich, bleib auch nicht stehen in dieser ganzen Gegend."

Ich habe in unserem Gesangbuch ein Gebet gefunden unter der Überschrift: „Nach einer Trennung". Ein Gebet, wo eine Ehe auseinander ging. Nun wird einmal so eine Trennung nicht unter moralischen Gesichtspunkten betrachtet. Sondern da wird mit Gott gehadert: „Hast du, Gott, vergessen, auf uns Acht zu geben. Hast du etwa gedacht: Bei denen klappt's schon? Eben nicht. Du solltest weiser sein…" Am Ende heißt es: „Eine Ehe kaputt, zwei Kinder mit Augen voller Fragen – weißt du weiter? Fass mich an, wenn du mich lieb hast, wenn wenigstens du mich lieb hast, hilf mir durch diesen Tag, an dir taste ich mich entlang."

Man kann, man darf mit Gott hadern angesichts einer Katastrophe, eines Zusammenbruches. Aber Er ist zugleich der, den man in aller Ratlosigkeit bitten kann: „Fass mich an, halte mich fest und sei mir ein Geländer, an dem ich mich vorwärts tasten kann." Vorwärts, ohne „in der Gegend", dieser gefährlichen Zone, zu erstarren. Auch solche harten Trennungen gibt's. Unser Blick soll nicht am strafenden Gott hängen bleiben, sondern am vorwärts führenden, rettenden Gott.

Liebe Gemeinde, dieses Thema „Abschied nehmen und Festhalten" war so groß, dass nur einiges möglich war, anzustoßen. Wozu ich auffordern möchte, ist: Durchdenken, durchleben Sie Ihre Lebenssituation und Spannungen auch geistlich, vom christlichen Glauben her!
Wir können einiges klarer sehen und getroster damit umgehen. Weil man auch ein so ernstes Thema heiter beschließen soll, vielleicht, zum Schluss noch eine Stilblüte aus Kinderaufsätzen. Da schrieb ein Kind über Lots Frau: „Sie schaute sich um, und erstarrte zur Salzsäure." Was nun? Erstarren oder sich auflösen? Keines von beidem, mit Gott!
Amen.

Große Not

Umgang mit der Schwachheit

2. Korintherbrief, 12, 1 – 10

(vor allem Vers 9 als Jahreslosung 2012)

„Lass dir an meiner Gnade genügen,
denn meine Kraft ist in den Schwachen mächtig."

Liebe Gemeinde!
Wir beginnen mit etwas Kleinem und ganz Alltäglichem. Wir erinnern uns daran, wie jeder von uns schon mal eine Gnade erfahren hat, die genügt. Kennen Sie das fränkische Wort „Spreißel"? Ein Spreißel ist ein Holzsplitter, den man sich unter die Haut gezogen hat und der nun weh tut und heraus muss. Ich bin in einem Zimmereigeschäft groß geworden, wo es viele Holzbalken zu beklettern und zu bespielen gab. Es war nicht selten, dass man sich dabei einen Spreißel unter die Haut gezogen hat. Und als noch sehr kleines Kind tat das weh und man hat geschrien und ist weinend zur Mutter gelaufen. Die Mutter hat einen beruhigt mit Worten und mit Pusten und hat den Spreißel mit einer heißen Nadel oder einer Pinzette herausgeholt. Und dann war die Welt wieder in Ordnung. Das Kind war wieder glücklich, die Gnade, die die Mutter ihm vermittelt hat, hat ihm genügt. Das Kind weiß zwar noch nichts von der Gnade, aber es merkt doch ihr Genügen. Und mehr muss ein Kind von der Gnade nicht wissen.

Aber eines Tages genügt die Gnade nicht mehr, scheint es. Ein Kind wird älter und größer, es kommt in die Schule und es lernt, dass die Lehrerin mit der Note „genügend" etwas anderes meint, als das, was vorher „genügend" war; dass es etwas Höheres geben soll, das mehr als genügt. „Genügend" ist nur mittelprächtig. An die Stelle einer genügenden Gnade tritt Leistung und selbst verdienter Erfolg. Und das zählt dann für die meisten Menschen lange Jahre ihres Lebens: Eigene Leistung und Erfolg. Und dabei stellt sich immer wieder die Frage: Genügen wir? Und was genügt uns eigentlich?

Ich erlebe es zurzeit stark, dass Arbeitgeber nicht nur gute Mitarbeiter und Mitarbeiterinnen haben wollen, sondern nur noch sehr gute, ausgezeichnete. Mit allen Fähigkeiten. Nur noch solchen will man Arbeit geben? Die in allem mehr als genügen? Wie kann das sein? Muss es nicht überall auch möglich sein, nicht nur mit den besten, sondern auch mit guten und genügenden Mitarbeitern zusammenzuarbeiten? Sind die Besten denn überall die Besten? Viel Konkurrenz entsteht dadurch. Viel Neid. Viel Misstrauen. Und sogar bei den sehr Guten immer die ängstliche Frage: Genüge ich noch? Werde ich ausrangiert?

Umgekehrt fragen wir uns selber doch auch: Was genügt uns eigentlich? Genügt uns der Wohlstand, den wir haben? Oder wollen wir immer mehr? Friedrich Walz, der frühere Erlanger Studentenpfarrer, hat einmal eine Zeile des Reformationsliedes „Ein feste Burg ist unser Gott“ als Thema einer Predigt umgedreht. Er hat gesagt: „Was bleibt, muss uns doch reichen.“ Der Text hieß natürlich „Das Reich muss uns doch bleiben.“ Aber vielleicht gilt für unsere Zeit ja auch: Was bleibt, muss uns doch reichen. Jedenfalls passiert es vielen Menschen, dass man nicht mehr so richtig zufrieden ist und es verlernt, die alltägliche Gnade zu schätzen:

- Die Gnade der Gesundheit;
- die Gnade der Menschen, die einen umgeben und auch lieben;
- die Gnade der Schönheit der Natur, in der wir leben; die Gnade, an Gott glauben zu können ... all das und vieles mehr kann genügend sein.

Damit kann einer leben: „Und ob ich schon wanderte im finsteren Tal, fürchte ich kein Unglück; denn du bist bei mir, dein Stecken und Stab trösten mich.“ Damit lassen sich Erfahrungen machen. Wenn ich immer wieder glauben kann, dann kann das genügend sein. Auch wenn nicht alles immer heil ist und wieder heil wird.

Liebe Gemeinde, dass ein Leiden, eine Schwachheit bleiben muss, dass nicht alles beseitigt werden kann, dass einer damit leben muss, mit Ungewissheit, Angst und immer wiederkehrender Schwachheit, mit ärgerlichen Stacheln, so Spießen, „die man sich unter die Haut gezogen hat“, das ist wohl am Schwersten zu verstehen.

Lassen Sie mich deshalb zuerst sagen: Die Splitter sollen alle gezogen werden! Es gibt kein Leid, das ewig sein darf!
Aber: Es gibt

1. Splitter, die müssen und dürfen gleich gezogen werden. Das sind zum Glück die meisten. Das meiste kann und darf heilen in diesem Leben.

2. Splitter, die müssen eine Zeit lang bleiben und dürfen nicht sofort gezogen werden. Aber auch sie müssen nach einer Zeit heraus, wenn einer dadurch reifer geworden ist, dankbarer für sein Leben, bewusster und froher über die Gnade.

3. Splitter, von denen ist bei Paulus die Rede – **die dürfen nicht gezogen werden, sondern erst am Ende der Tage, wenn alle Tränen getrocknet werden, wenn wir alles im Licht der Gnade sehen.** Dann dürfen auch diese Leiden vergehen, aber vorher werden sie uns belassen.

Warum? Gibt es dafür eine Erklärung?

Ich glaube, wir Menschen brauchen alle eine Schwachheit, um richtig geliebt zu werden. Geliebt wird nicht der Starke. Er wird bestenfalls bewundert. Geliebt wird einer oder eine – und das ist das Geheimnisvolle – um seiner/ihrer Schwäche willen. Wie viele Menschen lieben wir und sind uns ans Herz gewachsen, weil sie eine Schwäche haben und weil sie diese Schwachheit nicht mehr vor uns verborgen haben, verbergen konnten oder wollten. Und auch: heißt Lieben nicht „eine Schwäche für einen anderen haben"?
Ach, wer keine Schwachheit an sich selbst findet, der kann weder geliebt werden noch andere lieben.

Paulus gibt uns einen Einblick in seine persönliche, menschliche Empfindlichkeit, was ihm zu schaffen macht und wo er sich selbst als schwach empfindet. In seinem 2. Korintherbrief, dem persönlichsten aller seiner Briefe, wo Tränen genauso zur Sprache kommen wie leidenschaftliches Kämpfen und bissige Ironie, lesen wir den Abschnitt, aus dem die Jahreslosung 2012 genommen ist:

Textlesung 2. Kor 12, 1-10

Paulus kämpft mit einer Krankheit – manche vermuten Epilepsie, aber das ist Spekulation –, er bittet Gott immer wieder, von dieser Krankheit befreit zu werden. Und Gott tut es nicht. Darauf bekommt Paulus die Antwort von Christus, die unser Predigttext und unsere Jahreslosung ist. Und Paulus kämpft außerdem noch gegen Christen, die die Unvollkommenheit und Schwachheit des Menschen verachten, die nur stark sein wollen und keine Schwäche zulassen. Aber gerade das ist schlimm, wenn wir „mit unserer Vollkommenheit" versuchen, selber aufzuräumen in dieser Welt und unter den Menschen. Wenn wir uns so stark fühlen, alles selbst in der Hand zu haben.

Schwach sein und stark sein – das ist kein Gegensatz. Wir sind manchmal unglücklich, weil wir nicht in rechter Weise schwach und nicht in rechter Weise stark sein können. So will ein Mensch nicht beschwichtigt werden, wo er

sich wirklich schwach fühlt und verzweifelt und will es klagen und sagen dürfen. Und will nicht mehr, als dass einer da ist, der zuhört, dem er seine Schwäche anvertrauen kann und der ihn gerade so annimmt und liebt. Zugleich will dieser Mensch aber nicht festgelegt werden auf seine Schwachheit – und darf es auch nicht. Wie oft habe ich denselben Menschen, der seine Schwäche sagen durfte, im nächsten Moment lachen sehen, einen Humor an den Tag legen, klare Gedanken äußern und handeln, so dass man seine Stärke bewundert. Und sich wundert. So dass einem selbst ein schwacher Mensch, gerade wegen seiner Schwäche und seines Umgangs, damit ein lebendiges Vorbild des Glaubens werden kann.
Ja, es ist ein Wunder, wenn im Glauben durch den Geist Christi sich Schwachheit und Kraft abwechseln und nebeneinander da sind wie Geschwister.

Seht, deswegen gibt es Splitter, die nicht gezogen werden dürfen vor der Zeit, weil wir sonst dieses Wunder vergessen würden, wie Gottes Kraft und der Glaube an seine Gnade allein uns voran bringt. Dazu ist eine Schwachheit wirklich gut, dass man sich nicht überhebt und sein will wie Gott. Dazu ist sie gut, dass wir Menschen bleiben, die eine Schwäche haben für einander. so wie Gott eine Schwäche hat für uns. Denn das, das was wir am Ende immer wissen und merken werden, ist:
Genügen kann uns nur die Liebe. Nur die große Liebe Gottes ist für uns wirklich genug und reicht aus.
Amen.

Kleine Tänzerin

Aufforderung zur Freude

Philipper 4, 4 – 7

Liebe Gemeinde!

Bald! Bald ist Weihnachten. Noch eine knappe Woche. Dann hören wir im Weihnachtsevangelium von der „großen Freude, die allem Volk widerfahren wird“. Heute hören wir schon von Paulus: *„Freuet euch in dem Herrn alle Wege, und abermals sage ich: Freuet euch!“*

Ich habe mit diesem Text zwei für mich wichtige Erfahrungen, eine Erinnerung an einen theologischen Lehrer, der einmal humorvoll von seinem Examen in Bibelkunde erzählt hat.. Er wurde gefragt: Was steht im Philipperbrief? Seine Antwort, er war nicht so beschlagen in den einzelnen Dingen, ihm war die Grundlinie eher wichtig, er sagte: „Freuet euch." „Ja, und was noch?" „Und abermals sage ich euch: Freuet euch!"

Die zweite persönliche Verbindung: Es ist unser Trauspruch. Also mit dieser Freude vom Philipperbrief habe ich ein bisschen Erfahrung.

Sich aus tiefstem Herzen freuen, das Erste.
Das Zweite: keine Sorgen haben.
Das Dritte: von einem schützenden Frieden umgeben sein.

Diese drei Punkte des Paulus-Textes, das sind drei Weihnachtswünsche für uns Menschen heute. Aber können wir uns diese Weihnachtswünsche erfüllen? Können wir uns die Freude selber befehlen? Oder kann sie uns ein anderer verordnen? Können wir das Sorgen loslassen? Wo wir uns doch so viel sorgen und Vorsorge treffen? Können wir uns diesen schützenden Frieden bewahren und beschaffen? Stehen diese drei Dinge denn in unserer Macht? Dietrich Bonhoeffer, der Pfarrer, der sein letztes Weihnachtsfest im Gefängnis Hitlers verbracht hat, hat einmal gesagt: Eine Lebenseinsicht lässt sich nicht trennen von der Existenz, in der sie gewonnen ist. Das heißt, wir können uns die Einsichten eines Menschen viel besser verstehbar machen und verstehen, wenn wir auch die Geschichte erzählt bekommen, die er bei dieser Einsicht mit erlebt hat. Wir wollen sehen, in welcher Existenz Paulus seine Sätze von der Freude, von der Sorglosigkeit und vom Frieden gewonnen hat.

Paulus war, als er an die Gemeinde in Philippi schrieb, im Gefängnis. Wahrscheinlich in Ephesus. Er kam ins Gefängnis wegen seines Glaubens an Jesus Christus. Er hatte seinen Prozess noch vor sich. Er wusste nicht, wie sein Verfahren ausgehen würde. Es konnte sein, dass er freigesprochen wird, es konnte aber ebenso gut sein, dass er zum Tod verurteilt und hingerichtet wird. Das hatte er klar im Blick. In seinem Gefängnis durfte er Briefe schreiben, er durfte Besuche empfangen. Er hatte Umgang mit Mitgefangenen und Gefängniswärtern. Er konnte mit ihnen reden, über seine Situation und ihre Situation. Sie konnten darüber reden, was sie glaubten und hofften. Er konnte zuhören, welche Ängste die anderen im Gefängnis hatten und konnte ihnen durch sein Vorbild Mut machen. Paulus war in diesem Gefängnis in Ephesus etwas Besonderes. Nicht nur, weil er römischer Staatsbürger war und damit – solange er nicht verurteilt war – einige Vorrechte genoss, war er etwas Besonderes. Er war für alle anderen Mitgefangenen und Wärter etwas Besonderes, weil er im Gefängnis von Freude, Sorglosigkeit und Frieden redete. In einer Lage, wo alle das am wenigsten erwarten, redet er von den Dingen, die wir uns alle am meisten wünschen. Und das alles ist für ihn in dem kurzen Satz begründet, der das Thema dieses 4. Advents ist: *„Der Herr ist nahe!"* Bald! Der Herr ist nahe – darin steckt alles, was Paulus glaubte und hoffte, was ihn ermutigte und was ihn tröstete. Das ganze Evangelium. Der Herr ist nahe – das ist für ihn die unumstößliche Wahrheit.

Paulus hat noch nicht Weihnachten gefeiert. Zu seiner Zeit wurde Ostern als christliches Fest gefeiert, jedoch noch nicht die Geburt Christi. Aber für Paulus war alle Tage Weihnachten. „Der Herr ist nahe". Gott ist in Jesus Christus ganz zu den Menschen gekommen. Gott ist ganz zu uns Menschen gekommen, damit wir ganz bei ihm sind. Und auch damit er ganz bei sich ist. Gott ist die Liebe. Das Geheimnis der Liebe ist: ganz beim Anderen sein, um gerade so ganz bei sich selbst zu sein. Gott will ganz bei den Menschen sein, will sie lieben und retten. Gott hat nicht nur „die Niedrigkeit seiner Magd" Maria angesehen, sondern auch „die Niedrigkeit seines Knechtes" Paulus. Jesus hat ihn gerufen als seinen Mitarbeiter, liebt ihn und braucht ihn. Als der Unwürdigste von allen, sagte Paulus über sich selber, soll er der Botschafter von Gottes Liebe sein. Auch, wenn Paulus es nicht immer spürt, er weiß es und er hält sich daran: Der Herr ist nahe.

Wir sehen ganz deutlich, liebe Gemeinde, Freude, Sorglosigkeit und Frieden werden hier nicht gewonnen aus den äußerlichen, glücklichen Lebensumständen, sondern aus dem Glauben. „Der Herr ist nahe" – das lässt sich nicht machen. Das können wir nur für uns gelten lassen und sagen; das ist die höchste Wahrheit. Diese Wahrheit liegt in Gott, in Gott begründet, nicht in uns. Trotzdem fragen wir Paulus heute:
Wie können wir die Nähe Gottes erfahren? Und er sagt uns dazu: Es gibt unterschiedliche Wege.

Der erste Weg: **„Lasst eure Güte allen Menschen kund sein!"**

Gott führt uns so viele Menschen ungesucht in den Weg, unterschiedslos sollen wir alle Menschen unsere Güte erfahren lassen. Oder Menschenfreundlichkeit. Das Wort, das hier in der Originalsprache steht übersetzte Martin Luther mit „Lindigkeit". Kennt keiner mehr. Gemeint ist: Du versuchst selber so ethisch, sittlich gut zu leben wie du kannst. Und das ist gepaart nicht mit einer

Überheblichkeit, sondern mit einer Milde und Freundlichkeit, einem Zugehen auf den Anderen, statt ihn links liegen zu lassen, Flexibilität statt Verhärtung, bewusst und freiwillig nachgeben und menschliche Brücken bauen. Ob die Anderen nun Gefangene sind oder Jugendliche, Asylanten oder alte Menschen bei uns, Arme oder Reiche – wir lassen gelten, dass Gott allen Menschen in Jesus nahe ist, für alle als Mensch geboren ist.

Alle Menschen stehen im warmen Licht Gottes. „Kein Mensch muss mehr im Finstern sein", heißt es in einem Salzburger Adventslied. Dazu, um das zu zeigen, sind wir Gottes Mitarbeiter. Lasst eure Güte kund sein allen Menschen! Es geht bei unserer Güte nicht um die abstrakte Frage, ob ich in meinem Wesen gut bin, ob ich ein guter Mensch bin, um Güte auszustrahlen. Die Frage ist in der Nähe Jesu völlig uninteressant, ob ich ein guter Mensch bin. Wichtig ist, dass wir durch die Nähe Jesu allen Menschen gut und freundlich sein können. Freude, so haben wir gesagt, kann man nicht machen. Das ist wahr. Sie muss aus dem Innern kommen. Aber wenn wir etwas von Gottes Güte an einen Mitmenschen weitergeben, dann ist das der beste Weg, sich zu freuen. Wir spüren: wir können den Menschen nicht nur etwas geben, sondern wir empfangen dafür auch sehr viel von ihnen zurück. Da kommt viel Freude, Dankbarkeit an uns zurück auf diesem Weg. Also der erste Weg zur Freude, indem wir alle Menschen Güte erfahren lassen, erfahren wir auch Gottes Nähe.

Der zweite Weg heißt: **Gottes Nähe kann man erfahren beim Beten**

„Sorgt euch um nichts, sondern in allen Dingen lasst eure Bitten in Gebet und Flehen mit Danksagung vor Gott kundwerden." Statt sich zu sorgen, wird aufgefordert, auf eine zuversichtliche Art zu beten. Auf eine zuversichtliche Art, sage ich, und meine damit die Besonderheit, dass man sich vor Gott völlig aussprechen darf, dass man ihn alles bitten darf, aber dass man nicht beim Bitten stehen bleibt, sondern auch zu dem kommt, wofür man Gott lobt und dankt. Viele Menschen bleiben, wenn sie beten, immer nur beim Bitten, wollen nur etwas von Gott haben und sehen nicht dankbar, was Gott ihnen schon gibt. Beten, inständiges Bitten soll immer ein wenig vermischt sein mit Lob und Dank. Auch wenn Bitten manchmal im Vordergrund stehen. Beten rechnet ganz fest damit, mit der helfenden Nähe Gottes, dass er für uns sorgt. Dietrich Bonhoeffer hat im Gefängnis „Gebete für Mitgefangene" geschrieben. Die selbst nicht mehr beten konnten. Diese Gebete haben etwas von dieser zuversichtlichen Art zu beten und an den Schluss eines jeden Gebetes hat er einen Gesangbuchvers gestellt. Ja, man kann, wenn's schwer fällt, selbst zu beten, sich auch von den Gebeten anderer tragen lassen. In diesen Tagen sind es oft genug die Advents- und Weihnachtslieder, die uns zur Krippe führen, zum nahen Herrn. Oft verschwinden dabei wirklich die Sorgen, und es kommt eine neue Freude und Sorglosigkeit. Getragen werden wir dann in aller Regel nicht durch unseren Verstand, sondern vor allem in unserer Seele.

Der dritte Weg ist der, dass wir wissen: **Es gibt noch etwas Höheres als unsere Vernunft.**

Der Verstand und das Herz werden in dem bekannten Segenswunsch angesprochen. Zwei Zentralen menschlichen Lebens, wo Entscheidungen fallen, Schalt- oder Regierungszentralen könnten wir sagen. Beherrschen wir diese Regierungszentralen oder werden wir trotzdem außen-gesteuert? Die moderne Gehirnforschung könnte uns dazu einiges Interessante sagen.
Paulus sagt in der religiösen Erforschung des Menschen: Der Verstand ist unser Vermögen, zu unterscheiden und dann zu urteilen. Das Herz ist nicht die organische Blutpumpe, sondern der zentrale Sitz meines inneren Lebens. Was da vorherrscht, bestimmt mein ganzes Leben, meine Gefühle und Gedanken.
Verstand und Herz, ein Drittes müsste ich noch dazu nehmen: die Sinne. Das alles kann unter einer beherrschenden Macht stehen, ist gefährdet und nicht völlig frei.

Die Vernunft zum Beispiel ist eine hohe Gabe Gottes. Aber es gibt auch noch etwas, was höher ist als alle Vernunft. Es ist der Friede Gottes. „Frieden auf Erden den Menschen seines Wohlgefallens“, wird es in der Weihnachtsgeschichte heißen. Gottes Friede ist schon ein seltsamer Friede: „Höher als alle Vernunft“, aber zugleich umgibt er schützend alle unsere Herzens- und Vernunftgedanken, alles was wir nur denken können. Einer friedlosen Welt, uns friedlosen Menschen wird Frieden zugesprochen in einem Namen: Jesus Christus. Ob dieses Weihnachten ein Weihnachten in Frieden wird, ist im Blick auf die Menschen mehr als zweifelhaft. Trotzdem: Es gibt einen Frieden auch für die, die äußerlich gar nicht in Frieden leben. Für einen Paulus und einen Bonhoeffer im Gefängnis, für Menschen im Krieg oder unter Terrorgewalt, für Menschen in Krankheit. Für trauernde Menschen und verzweifelte. Am Schluss einer Predigt, liebe Gemeinde, darf ein Prediger oft froh sein, dass er diesen Satz des Apostels als Kanzelsegen sagen darf und kann:

„Und der Friede Gottes, der höher ist als alle Vernunft, bewahre unsere Herzen, eure Herzen und Sinne, in Christus Jesus." Gott sei Dank, die Nähe Gottes liegt nicht an mir, nicht an meiner Vernunft und nicht an meinen Gedanken. Ich muss sie nicht machen. Sie ist da.
Amen.

Gott hat seinen Engeln befohlen,
dass sie dich behüten auf allen deinen Wegen

Singend ein Anderer werden

Kolosser 3, 12 – 17

Liebe Gemeinde!
„Singet dem Herrn in eurem Herzen!“
So fordert uns der Kolosserbrief auf, aus dem ich den heutigen Predigttext nehme. Wer in und mit dem Herzen singt, singt schön. Wie wir mit Paul Gerhard eben gesungen haben: „Du meine Seele, singe, wohlauf und singe schön…“ Aber wie soll ein Büchenbacher Mensch oder einer, der von anderswo herkommt, den Mund aufmachen und singen, wenn vielleicht sein Herz ein „trotzig und verzagt Ding“ ist, wie es der Prophet Jeremia einmal

nennt (Jeremia 17,9)? Ein solches Herz singt nicht, ja, es will nicht singen, weil es mit sich selber im Unreinen ist. Worüber ist das „trotzig und verzagt Ding", genannt Herz, im Unreinen? Über sich, ja, mit sich selbst.
Denn, was ist denn Trotz? Trotz ist nichts anderes als falsche Stärke. Überlegen wir, wo wir – nicht nur die Kinder in einer bestimmten Phase, der Trotzphase – trotzen. Wir trotzen, weil wir unseren Willen behaupten und unsere Schwachheit nicht wahrhaben wollen oder können.

Und was ist Verzagtheit?
Verzagtheit ist falsche Schwachheit. Wenn wir uns ganz unserer Schwäche hingeben und unser Starksein nicht wahrhaben wollen und können.
Meistens ist uns Herz nicht trotzig oder verzagt, sondern sowohl das eine wie das andere gleichzeitig. Ein Herz muss wissen, wie es auf richtige Weise schwach und stark sein darf. Wenn es das begriffen hat und praktizieren kann, dann ist es glücklich, dann kann es – sprich: wir – singen, und dann singt es auch schön.

Vor uns liegt nun ein Weg mit uns selbst. Der Weg, mit der menschlichen Schwäche und Stärke ins Reine zu kommen.

Hören wir den ersten Teil des Predigttextes aus dem Kolosserbrief, Kapitel 3:

So kleidet euch denn als Erwählte Gottes, seine Heiligen und Geliebten, in herzliches Erbarmen, Freundlichkeit, Demut, Sanftmut, Geduld. Ertragt euch gegenseitig und vergebt einander, wo jemand einem anderen etwas vorzuwerfen hat. Wie auch der Herr euch vergeben hat, so tut auch ihr! Über alles aber zieht an die Liebe, die das Band der Vollkommenheit ist.

Erste Aufforderung an uns auf dem Weg zu uns selbst – gleichsam von außen nach innen; der Text beginnt nicht gleich mit dem Innersten. Also erste Aufforderung: Anprobieren! Ausprobieren!
Neu einkleiden sollen wir uns von Kopf bis Fuß. Um auszudrücken, wer wir sind – Gottes Erwählte, seine Heiligen und Geliebten – brauchen wir andere Kleider. Nicht nur das, was wir selber immer schon anhaben. Etwas anderes, Neues ausprobieren! Aber vielleicht regt sich ja hier unser Herz gleich wieder auf: „Ach nein, o je, das ist mir zu groß!" Oder: „Ach, das ist mir viel zu klein!" Oder: „Das ist mir zu altmodisch!" Schauen wir uns die neuen Kleider an, die der Apostel nennt! Es sind Tugenden: Herzliches Erbarmen, Freundlichkeit, Demut, Sanftmut, Geduld, schließlich die Liebe. Das sind Tugenden Gottes.

Das sind Kleider, die Gott und die Christus angemessen sind. Sind die nicht zu groß und zu weit für uns? Die Älteren unter uns kennen das: Wo es mehrere Geschwister in einer Familie gab, hat man die Kleider der älteren Geschwister oft geerbt. Die waren oft nicht unbedingt passend, aber dann wurde uns gesagt: „Da wächst du schon noch rein." Da gab es eine Sehnsucht nach eigenen Kleidern. Heute ist das größtenteils anders. Viele kennen nur eigene Kleider. Bevor wir aber spekulieren, ob diese Kleider Gottes und Christi auch so ungeliebte, alte Kleider sind, schauen wir sie uns doch erst einmal näher an.

„Ein herzliches Erbarmen" – wenn wir das mit einem Kleid vergleichen, dann ist das in der Bibel nicht ein Hemdchen, das nur bis zur Brust reicht. Das fällt von Schulter und Brust über die Knie bis zu den Füßen. Wie eine Richterrobe oder ein Talar. Das Erbarmen sitzt wörtlich nicht in der Brust, wo wir es manchmal vermuten, sondern im Unterleib, in den Eingeweiden, so dass einem das Elend von Menschen auf den Magen schlägt. Von Jesus wird im Evangelium berichtet, er habe solches Erbarmen gezeigt, das ihm in die Eingeweide, in die Magengrube und tiefer fährt. Wenn er arme und elende, geknechtete, unterdrückte Menschen sah, hieß es: „Es jammerte ihn." Und auch beim Singen ist sehr wohl die Bauchatmung wichtig. Das weiß unser Kirchenchor. Wo haben die Tugenden und tiefen Reaktionen unseres Menschseins ihren Ort? Nur im Kopf? Nur in der Brust? Oder noch viel tiefer? Das Erbarmen und das schöne – befreite, entspannte – Singen kommt aus der Tiefe. Will unser trotziges und verzagtes Herz so tief einsteigen?

Als Kontrast: „Ertragt euch gegenseitig und vergebt einander." Das erscheint manchen nun wieder ein bisschen zu wenig, zu klein. Den anderen so sein lassen zu können, wie er, sie, ist, und einen Vorwurf, ganz gleich, ob berechtigt oder unberechtigt, wegstecken? Das ist dann doch wieder zu wenig. Soll sich der andere nicht ändern? Muss ich ihn nicht zur Veränderung bringen? Vergeben und vergessen – das ist doch zu einfach. So einfach kommt der andere nicht davon, so redet das verbockte Herz: „Mein Stolz erträgt das nicht." Aber diesen Weg der Vergebung und des Verzeihens ist Christus gegangen. Sind mir seine Kleider wirklich zu klein und zu eng?

Liebe Schwestern und Brüder, Mütter und Väter, Jugendliche und Alte, wollen wir diese neuen Kleider nicht wenigstens einmal ausprobieren? Ob sie uns passen, können wir erst sagen, wenn wir sie anprobiert haben. Und dann nicht nur sich selbst vor dem eigenen Spiegel damit betrachten, nicht nur vor dem Spiegel des eigenen trotzigen und verzagten Dings sich stellen, sondern mit diesen Kleidern unter die Leute gehen. Im Spiegel unserer Mitmenschen werden wir sehen, ob uns die Kleidung steht, die Gott selbst getragen hat und dann für uns auserwählt. Vielleicht stimmt es doch irgendwie: Kleider machen Leute!

Nun, man kann immer noch skeptisch sein. Das klingt ein wenig oberflächlich. Christus oder Gott nachahmen? Gibt es nicht auch viel äußerliches, frommes Gehabe und christliches Getue? Das wusste auch der Kolosserbriefschreiber, und so kommt die Frage nun nach dem Inneren. Äußeres und Inneres müssen zusammenpassen. Für das Innerste eines Menschen hat die Bibel ein Wort: Herz. Wie aber können wir dieses Innerste, die Mitte unserer Person, ändern? Können wir das denn überhaupt beeinflussen? Oder sind wir eben so: trotzig oder verzagt oder beides, mürrisch oder euphorisch, optimistisch oder pessimistisch?

Weise, kluge Menschen in der Bibel haben sich darüber viele Gedanken gemacht. Und sie sagen, das Herz sei wie ein Gefäß: „Wes das Herz voll ist, des geht der Mund über." Ein verkehrtes Herz findet nichts Gutes. Ein fröhliches Herz macht das Leben immer lustig. So steht es in den Sprüchen Salomos. Es kommt darauf an, womit das Herz gefüllt ist und womit es immer wieder gefüllt wird.

Ich möchte ein wenig weiterlesen im Predigttext:

Der Friede Christi sei Kampfrichter, bestimmt, regiere in eurem Herzen – zu ihm seid ihr berufen in einem Leib. Das Wort Christi lasst in seinem Reichtum bei euch zuhause sein, indem ihr es in aller Weisheit einander lehrt und ans Herz legt, indem ihr Gott mit Psalmenliedern und geistlichen Gesängen anmutig in eurem Herzen singt.

Der große Geiger, Yehudi Menuhin, war beseelt von einer Botschaft: dass Harmonie zwischen den Menschen möglich ist. Sein Gedanke, dass Musik die Harmonie fördern könnte, ist gar nicht so weit weg von dem, was der Schreiber des Kolosserbriefes will. Eines müssen wir heute an diesem Sonntag Kantate nämlich betonen: Die Kraft der Musik, die ändernde Kraft, die im Singen liegt. Christen sollten von Anfang an singen. Singen erfüllt unser Herz. Singend dringen in dieses Gefäß Herz andere Dinge ein, als die, mit denen wir uns immer gerade beschäftigen. Singend freuen wir uns wieder an der Schöpfung, am Frühlied der Amsel, am Austreiben grüner Blätter, an der Liebe, Freundschaft. Wir singen von „Mutterleib und Kindesbeinen" in unseren Gesangbuchliedern. Von Müttern und Vätern, die uns wieder bewusst werden, dass wir sie haben. Und von der Zukunft unserer Kinder singen wir, vom Frieden. Ja, wir singen oft von der Vergangenheit und ebenso oft von der Zukunft, damit unsere Gegenwart nicht erdrückend wird.

Meine Eltern waren beide bis ins hohe Alter im Gesangverein aktiv. Meine Mutter hat immer erzählt: „Wie oft habe ich, wenn ich Schmerzen hatte, überlegt, ob ich am Dienstagabend in die Singstunde soll. Und dann habe ich mir gesagt: Ach was, zuhause tut es auch weh! – und bin gegangen. Und beim Singen waren die Schmerzen weg. Und ich habe mich hinterher viel besser gefühlt als vorher." Wenn mir Menschen bei Beerdigungsgesprächen erzählen, dass ihre Mutter oder ihr Vater mit ihnen als Kinder viel gesungen haben, dann hat dieser Teil ihrer Erinnerung immer einen besonderen Klang, als hätten ihnen ihre Eltern da ein Geheimnis mitgegeben. Was man Vätern und Müttern auch verdanken kann, ist, dass sie mit einem gesungen haben. Ich hoffe sehr, dass sich das Eltern heute noch trauen oder auch Großeltern, mit den Kindern und Enkelkindern einfach Lieder zu singen, Lieder von Gott und vom Leben, von Sonne und Mond, von allem Schönen dieser Welt, schelmische, lustige Lieder und Lieder mit nachdenklich stillem Klang.

Zum Singen muss man sich entschließen, den Mund aufzumachen, die Töne herauszulassen. Vielleicht ist nicht jeder ein großer Sänger vor dem Herrn. Aber ein Sänger vor dem Herrn sollte jeder sein! Und sei es nur, dass du in deinem Herzen anmutig und schön singst, einen Klang dort verspürst. Darum ist Singen für uns als Gemeinde unverzichtbar. Wo wird denn heute noch gesungen, regelmäßig, außer bei uns in der Kirche? Wo werden alle dazu aufgefordert, sich der Erfahrung der Musik zu stellen? Die Kirche ist da fast einmalig. „Mehr als Worte sagt ein Lied", „Im Singen kommt Neues ins Leben hinein…". unsere Lieder selber, alte und moderne, beschreiben liebend gern die wunderbare Erfahrung, die Menschen gemacht haben, ja machen, Menschen, die singen.

Und noch eines werden wir merken: Singen ist die einzige Form, in der wir nicht gegeneinander und nacheinander reden müssen, sondern wo alle gemeinsam miteinander und zueinander reden können. Alle unsere Verkrampfung, alle unsere Verbissenheit kann sich lösen dadurch, dass wir von Gott singen. Vielleicht merken wir wieder, wie Leben sein soll: Nämlich, dass wir in einem Chor singen, ein großer Chor sind. Wer eine andere Stimme singt, singt noch nicht falsch! Und wenn einer rein äußerlich von der Stimme her brummt und es nicht so gut klingt wie bei uns im Kirchenchor – im Herzen kann auch dieses „Brummen“ schön sein für Gott.

Also, liebe singende Gemeinde, beim Singen geht es darum, aus dem Herzen, dem trotzig und verzagten Ding, ein „fröhliches Ding“ zu machen. Völlig zu Recht ist der Sonntag Kantate in der evangelischen Kirche seit der Reformation ein besonderer, herausgehobener Sonntag. Gott zu singen ist noch die schönste Art gemeinsamer Verkündigung und schafft einen neuen Menschen.

Liebe Gemeinde, in einem kleinen, unscheinbaren Satz ist alles, was ich über kleidsame Tugenden und über das mit Liedern gefüllte Herz gesagt habe, zusammengefasst. Der kleine Satz steht in der Mitte des Predigttextes und schließt ihn ab:

Werdet Menschen, die danken können!

Für mich ist das eine Sehnsucht, die noch nicht erfüllt ist: Werde ein dankbarer Mensch! Noch bin ich auch ein ständig sich sorgender, getriebener, auf eigene Leistung bedachter Mensch. Aber ich ahne schon, wie gut das ist: Menschen, die danken können. Menschen, die das sehen, was sie haben, sehen, wie reich sie sind. Menschen, die mehr vom Empfangen leben als von eigener Leistung, die nichts brauchen als offene Augen, offene Ohren, offene Hände. Stark und schwach zugleich sein dürfen – das haben wir am Anfang gesagt –, wäre gut für unser Herz. Ich glaube, in einem dankbaren Menschen kommt beides zusammen: Dank für das, was du mit deiner Kraft, Begabung, mit deinen guten Fähigkeiten schaffst und Dank, dass du in schwachen Momenten getragen wirst, in Not nicht alleingelassen; von Menschen, noch mehr aber von Gott, ganz ohne Gegenleistung geliebt.

Ein singender, dankbarer, über Christus, über Gott, über Mitmenschen, über die Natur, über Jahreszeiten und Lebenszeiten glücklicher Mensch – das ist „der neue Mensch“. Kein Übermensch, sondern einer, der weiß, es besteht kein Grund – nie! – mit dem Singen aufzuhören!
Amen.

Groß und Klein

Demut – Begegnung mit Gott

1. Petrus 5, 5c – 11

Liebe Gemeinde!
Wechseln wir die Tierart: vom angesprochenen brüllenden Löwen zum reißenden Wolf. Bei vielen Tierarten gibt es Revierkämpfe. Da machen etwa zwei Wölfe die Rangordnung untereinander neu aus. Es kommt zum Kampf zwischen den beiden Rivalen. Wer ist der Stärkere? Wer muss sich als der Schwächere unterordnen? Es gibt genau festgelegte Verhaltensmuster, Spielregeln für diesen Kampf.

Der Kampf beginnt. Die Wölfe stehen sich angespannt gegenüber. Dann kommt die Geste der Drohung: Sie zeigen einander ihre Waffen, ihr scharfes Gebiss. Und damit geht's los! Nach einer Weile stellt sich heraus: Der eine ist stärker. Der andere, der schwächere, spürt das natürlich sehr empfindsam an den Wunden, die ihm geschlagen werden. Das passiert etwas Erstaunliches: Der unterlegene Wolf verteidigt sich plötzlich nicht mehr. Er wendet seinen Kopf vom überlegenen Gegner weg, hält ihm die vorgewölbte Seite seines Halses hin. Er macht sich völlig wehrlos. Er bietet den scharfen Zähnen des Gegners die verletzbarste Stelle seines Körpers. Völlig ungeschützt. Wenn der andere zubeißt, ist es aus.

„Demutsgebärde" nennt man dieses Verhalten des Schwächeren. Und bei Tieren gibt es da den Instinkt: Der stärkere Wolf beißt nicht zu. Er tötet den Rivalen nicht. Er ist zufrieden. Die Rangordnung, um die es ging, ist klar. Der schwächere darf weiterleben wegen seiner so genannten „Demutsgeste".
Dieses ganz todernste Spielchen gibt es aber nicht nur bei Tieren, nicht nur bei Wölfen. Der Lateiner sagt: „Homo hominem lupus" – „Der Mensch verhält sich dem anderen Menschen gegenüber oft wie ein Wolf". Ein Mensch „demütigt" einen anderen Menschen. Er lässt ihn spüren: „Ich bin der Starke. Du bist der Schwache. Ich habe Macht, du bist ohnmächtig. Ich bin dir überlegen. Du bist mir ausgeliefert. Nimm das gefälligst zur Kenntnis und sei unterwürfig!"

Muss ich ausmalen, wo das überall geschieht? Wo auf Rangordnung gepocht wird? Wo die eigene Macht ausgespielt wird? Der körperlich Stärkere hänselt in der Schule manchmal den so genannten Schwächling. Wirtschaftlich reiche Länder bevormunden arme Entwicklungsländer. Der gebildete Intellektuelle hält die Masse des Volkes für eines vernünftigen Gespräches nicht würdig. Hochmut von Menschen einer bestimmten Bildungsstufe gegenüber Sozialhilfeempfängern, wo gesagt wird: Man könne jederzeit leicht und locker und schön von der Sozialhilfe leben. Oder man spricht pauschal allen Muslimen die Fähigkeit zur Integration ab. Natürlich ist nicht alles jedem im Leben möglich, aufgrund seiner Erbanlagen, seiner Herkunft und seines Milieus, seiner Chancen, die er hat. Aber das ist kein Grund für Hochmut oder Geringschätzung.

Demütigungen. Demütigungen im Großen, Demütigungen im Kleinen. Manchmal sind wir beteiligt. Es tut manchmal ausnehmend gut, wenn man in der Rangordnung – Hackordnung sagt man bei den Hühnern, um noch eine

Tierart einzubringen, nicht nur Löwen und Wölfe und den homo sapiens –, wenn man sich selber schwach und gedrückt fühlt, immer noch einen Schwächeren unter sich zu haben. Also: Demütigungen und geforderte Demutsgebärde unter Menschen sind manchmal nicht anders als unter Wölfen. Ja, manchmal schlimmer noch, weil uns Menschen der Instinkt fehlt, dann wenigstens nicht zu weit zu gehen. Genauso gibt es natürlich, wie bei den Wölfen, Demutsgebärden. Menschen sind unterwürfig. Es wird Mächtigen nach dem Mund geredet. Oder wir verhalten uns wenigstens still und mucken nicht auf. Verständlicherweise. Wer will nicht gern ohne Konflikte leben? Wer will, dass die Stärkeren über ihn herfallen? Darum: Freiwillige Bezeigungen von so genannter Demut aus Angst vor schlimmeren Demütigungen.

Als eine Art Unterwürfigkeit versteht man das Wort „Demut“ heute meistens. Deshalb hat es auch keinen allzu guten Klang. Aber das ist uns doch allen klar: Christliche Demut hat damit nichts, aber auch gar nichts zu tun. Christliche Demut ist gerade nicht fehlender Mut und mangelnde Zivilcourage. Christliche Demut kommt gar nicht aus niederdrückender Erfahrung, die wir Menschen machen mit Gott. Christliche Demut kommt aus der Begegnung eines Menschen mit Gott. Ja. Sie entsteht vor Gott nicht dadurch, dass Gott uns zu Boden zwingen würde. Gott ist nicht vor allem ein übermächtiges Schicksal, das hart und gnadenlos zuschlägt. Die Demut, von der unser Predigttext redet, ist die Einsicht: Ich bin arm dran ohne Gott. Ich meine, ich müsste mir mein Leben erkämpfen, mich sorgen, mich täglich durchboxen, ein bisschen Glück für mich, vielleicht meine Familie, zu erringen. Und dabei ist jeder Lebenstag ein Geschenk. Dabei wendet Gott mir jeden Tag seine Gnade, Liebe und Treue zu. Dieser ganze Lebenskampf, den ich als Einzelkämpfer führe, er ist armselig und geschieht aus Blindheit. Gott bietet viel mehr an. Christian Morgenstern hat dafür ein Bild: „Wer Gott aufgibt, der löscht die Sonne aus, um mit einer Laterne weiterzuwandern.“ Demütig ist, wer das weiß: Zum Leben braucht der Mensch das Licht und die Wärme der Sonne Gottes. Da reicht das kleine Licht seiner selbstgebastelten Laterne nicht aus.

Echte Demut kommt aus dem Hören dieser Botschaft: Du bist arm vor Gott. Aber Gott ist reich für dich. Du sorgst dich, aber Gott sorgt für dich. Das zu hören, sich darauf zu verlassen, sich beschenken zu lassen, ist der sicherste Weg, ein demütiger Mensch zu werden. „Gott widersteht den Hochmütigen, aber den Demütigen gibt er Gnade. So demütigt euch denn unter die gewaltige Hand Gottes, damit er euch erhöhe zu seiner Zeit. Alle eure Sorge werft auf ihn; denn er sorgt für euch."

Liebe Gemeinde, es gibt noch einen zweiten Weg zu der Einsicht: „Ich bin auf Gott angewiesen." Das ist der Weg der Erfahrung statt des Hörens. Dieser Weg ist schwieriger, weniger eindeutig, aber wir müssen ihn manchmal auch gehen. Als ich den Predigttext das erste Mal gelesen habe: „...demütigt euch unter die starke Hand Gottes...", musste ich an schwerkranke Menschen denken. Und ich dachte gleich: Das Wort von der Sorge, „All eure Sorge werft auf ihn, er sorgt für euch. Ihr liegt ihm doch am Herzen." Dieses Wort ist ein Wort für sie, die Kranken, deren Sorge oft so groß ist. An Gott abgeben, loslassen sollen, ist vielleicht leichter gesagt als getan, aber es ist möglich. Gott will nicht, dass du daran zerbrichst. Vertraut! Euch wird nichts zustoßen, was er nicht will. Ihr seid ihm doch wichtig. Jeder Einzelne, jede Einzelne.

Aber das erste Wort: „Demütigt euch!" – das würde ich mich nicht ohne weiteres trauen, einem Kranken zu sagen. Wenn ich manche Menschen in ihren Betten liegen sah, nun schon lange mit Schmerzen, sie sagten: „Wir müssen es nehmen, wie es kommt. Wir müssen es tragen, ohne zu verstehen, warum". Aber mit einem verzweifelten, glimmenden Funken Hoffnung, dass es doch endlich, endlich besser werden möge. Ich war hin und her gerissen, wie sie selbst, wusste oft nicht, was ich sagen sollte. „Muss man nicht gegen diese Krankheit aufbegehren, die einen Menschen zu zerstören scheint? Ist Gott nicht gegen das Leiden? Hat Jesus nicht gegen Krankheit gekämpft und sie besiegt?" Aufbegehren – aber wie soll das geschehen, hat es Sinn? Dann wieder dachte ich: „Wäre es nicht besser, die Krankheit anzunehmen? Wäre es nicht für diesen Menschen besser, auch den negativen Ausgang mutig ins Auge zu fassen? Sich auch darin auf Gott zu verlassen? Reicht unsere Hoffnung nicht weiter als auf dieses Leben und die Wiedergewinnung der Gesundheit?"

Beides finde ich richtig. Aber nun der Satz: „Demütige dich unter die starke Hand Gottes" – kann man das als junger, auf jeden Fall gesunder Mensch, zu einem oft alten, schwerkranken Menschen sagen, oder auch einem jungen, schwerkranken? Wie auch immer, zu einem Menschen, der zurückbleiben muss, wenn ich das Krankenzimmer wieder verlasse, wenn ich wieder ins pulsierende, nicht sorglose, aber nicht so von Sorgen eingeengte Leben zurück kann und darf. Unser biblischer Satz kann sehr leicht als fromme Besserwisserei verstanden werden. Ob eine Krankheit die „Hand Gottes" ist, die auf ihm liegt, das weiß ich nicht! Und bei Krankheit von Strafe Gottes zu reden, fällt hoffentlich keinem von uns nach Jesus mehr ein!

Ob ein kranker Mensch seine Krankheit dennoch als einen Wink Gottes verstehen kann, das kann nur er oder sie selbst entscheiden. Aber es ist immerhin möglich, dass ein Mensch sagt: „Nun ist mir deutlich geworden, wie wenig ich mein Leben selbst in der Hand habe. Wie sehr ich auf Gott angewiesen bin mit jeder Faser meines Lebens. Mein Leben führe ich auf dünnem Eis und es liegt in seiner Hand. Ich kann nicht tiefer fallen als in die Hand Gottes." Diesen Satz mögen einige für abgedroschen halten. Mich tröstet er. Denn er verweist mich in aller Unsicherheit auf Gott. Was immer die Ursache meines Absturzes sein mag. Mit diesem Bewusstsein will ich weiter leben. Es ist gut so. Seine starke Hand will und wird mich nicht unterdrücken.
Nicht demütigen, wie Menschen oder Wölfe einander demütigen. Glaubt, dass an jedem Tag, ob dieser Tag gut oder schlecht beginnt, ob er gut oder schlecht endet: Gott Geborgenheit geben will, uns halten, uns herausziehen aus der Not, uns zur rechten Zeit erhöhen. Darum „werft!", „wälzt wie einen schweren Stein!", wie man auch übersetzen kann, Sorgen auf ihn. Versucht abzugeben. Das funktioniert nicht automatisch. Es ist tägliche Übung, manchmal sogar etwas, wozu man sich durchringen muss. Oder lieben wir unsere Sorgen so sehr?

Nun haben einige vielleicht den Teufel, den brüllenden Löwen, vermisst. Es ist immer schön und interessant, den Teufel an die Wand zu malen. Nun, indirekt steckt er in all dem, was ich sage, als Gegenfigur, als Widersacher, als der, der uns Gott ausreden will, mittendrin. Was ist die größte Tat, die der Gegenspieler eines gnädigen Gottes, der für uns sorgt, anrichten könnte? Es ist, dass er uns vom Vertrauen auf die Fürsorge Gottes und auf Gott selber in seiner Offenbarung der Liebe in Jesus Christus abbringen könnte. Dass er uns einflüstert und wir es glauben: „Du kannst dich doch nicht auf Gott verlassen; du musst ganz allein für dich selber sorgen; die Rangordnung unter Menschen ist das einzig Wirkliche; und du musst unter allen Umständen mitmachen. Demut ist Schwachsinn und nur für die Schwachen!"

Liebe Gemeinde, so stelle ich mir den brüllenden Löwen vor, der umhergeht und gegenüber dem es Nüchternheit und Wachheit braucht. Gar nicht so laut brüllend. Manchmal eher als Einflüsterungen, die aber überall zu finden sind und auf dich einströmen.

Ein demütiger Mensch ist ein Mensch, der im eigenen Leiden Gott nicht aufgibt. Die Gemeinde des 1. Petrusbriefes war eine leidende, verfolgte Kirche. Darum ist leiden und Leidensbereitschaft ein Thema dieses Briefes. Der Briefschreiber sagte dazu: „Seid nüchtern!“ Macht euch das von vornherein klar: Als Christen kommt ihr am Leiden nicht vorbei! „Ihr wisst, dass eben dieselben Leiden über eure Brüder in der Welt gehen.“ Wir haben die Erfahrung: In leere Hände legt Gott seine Fülle und wahres Leben.

Und dieses Leben, was ist das? Es ist ein sorgloseres Leben. Ein Leben, wo unsere Sorgen Grenzen haben, wie Jesus so wunderbar im Evangelium gesagt hat. Ein Mensch, der weiß: „Ich kann und darf mich loslassen, ich kann nicht tiefer fallen als in die Hände Gottes“, ein solcher Mensch kann manche Sorge loslassen. Wir sorgen uns da nicht grenzenlos um uns selbst – sorgen, schon –, aber es gibt eine Grenze. Wir überfordern uns nicht selbst. Aus Demut resultiert und kommt ein Stück mehr Sorglosigkeit. Aus Demut kommt auch Dankbarkeit. Demut ist keine Charaktereigenschaft wie Bescheidenheit. Der demütige Mensch sind wir bei Weitem nicht immer. Wir können es aber immer wieder werden auf dem Weg des Hörens auf Gott, Gottes viel größere Sorge, und auf dem Weg der Erfahrung. Gebt eure Sorgen, eure zu großen Sorgen, ab!
Amen.

Kirchtürme

Danksagung

Ich danke herzlich allen Unbekannten, die an diesen Predigten mitgeschrieben haben. Dass dieses Buch aber entstanden ist, dafür gilt mein besonderer Dank einigen lieben Menschen: vor allem Reinhold Wießner für seine „Wüstenwanderung“ mit mir und diesem Projekt, und dass er trotz vieler Umwege immer mit mir lachen konnte, und ebenso Veronika Brotanek, meiner zuverlässigen Schreibassistentin, die „Tag und Nacht“ über meinen diktierten Texten sitzt, sinnend, was sie wohl bedeuten könnten.

Printed by Books on Demand GmbH, Norderstedt / Germany